큰 그림과 큰 글씨로 눈이 편하게!

쓱싹 시리즈 17

쓱 하고 싹 배우는

소셜미디어

★ **저자** 박하연 ★

YoungJin.com **Y.**
영진닷컴

401, STX-V Tower 128, Gasan digital 1-ro, Geumcheon-gu, S eoul, Republic of Korea.

All rights reserved. First published by Youngjin.com. in 2023. Printed in Korea

ISBN 978-89-314-6986-8

독자님의 의견을 받습니다

이 책을 구입한 독자님은 영진닷컴의 가장 중요한 비평가이자 조언가입니다. 저희 책의 장점과 문제점이 무엇인지, 어떤 책이 출판되기를 바라는지, 책을 더욱 알차게 꾸밀 수 있는 아이디어가 있으면 이메일, 또는 우편으로 연락주시기 바랍니다. 의견을 주실 때에는 책 제목 및 독자님의 성함과 연락처(전화번호나 이메일)를 꼭 남겨 주시기 바랍니다. 독자님의 의견에 대해 바로 답변을 드리고, 또 독자님의 의견을 다음 책에 충분히 반영하도록 늘 노력하겠습니다.

이메일 : support@youngjin.com

주 소 : 서울특별시 금천구 가산디지털1로 128 STXV타워 4층 401호

등 록 : 2007. 4. 27. 제16-4189호

STAFF

저자 박하연 | **기획** 기획 1팀 | **총괄** 김태경 | **진행** 김연희 | **디자인·편집** 박지은

영업 박준용, 임용수 | **마케팅** 이승희, 김근주, 김도연, 김민지, 김진희, 이현아 | **제작** 황장협 | **인쇄** 제이엠

이 책은요!

소셜미디어의 중심인 블로그, 페이스북, 인스타그램의 사용 방법을 익혀
글과 사진, 동영상을 친구들과 재미있게 공유하는 방법을 배워요!

❶ POINT
챕터에서 배우게 될 내용을 간략하게 소개해요.

❷ 완성 화면 미리 보기
챕터에서 배우게 되는 예제의 완성된 모습을 미리
만나요.

❸ 여기서 배워요!
어떤 내용을 배울지 간략하게 살펴봐요. 배울 내용을
미리 알아 두면 훨씬 쉽고 재미있게 배울 수 있어요.

❹ STEP
예제를 하나하나 따라 하면서 본격적으로 기능을
익혀 봐요.

❺ 조금 더 배우기
본문에서 설명하지 않은 내용 중 중요하거나
알아 두면 좋을 내용들을 알 수 있어요.

❻ 혼자서도 만들 수 있어요!
챕터에서 배운 내용을 연습하면서 한 번 더 기능을
숙지해 봐요.

❼ HINT
문제를 풀 때 참고할 내용을 담았어요.

이 책의 목차

I. 블로그 배우기

블로그 개설과 기본 환경 설정

블로그는 자신의 관심사 또는 알리고 싶은 견해나 일상을 기록하는 인터넷상의 홈페이지라고 할 수 있습니다. 개인적으로는 나만의 관심사를 가지고 여러 사람과 함께 공감하고 소통할 수 있는 공간을 블로그라고 합니다.

▌완성 화면 미리 보기

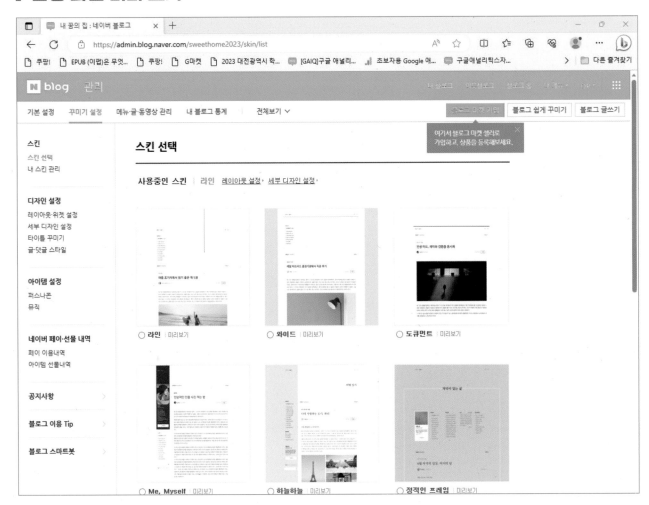

▌여기서 배워요!

네이버 블로그 개설하기, 블로그 기본 정보 작성하기, 블로그 스킨 적용하기

STEP 01 ## 네이버 계정 만들기

01 PC에서 네이버(http://naver.com) 사이트에 접속합니다. [회원가입]을 클릭합니다.

02 네이버 회원 약관의 [전체 동의하기]를 클릭하여 모두 동의한 후 [다음]을 클릭합니다.

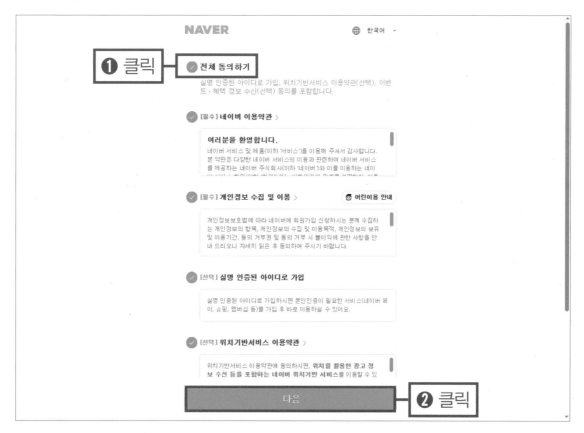

03 '아이디', '비밀번호', 개인 정보와 휴대전화 번호를 입력한 후 [인증요청]을 클릭합니다. 휴대전화로 온 문자의 인증번호를 '인증번호 입력'란에 입력하고 [가입하기]를 클릭합니다.

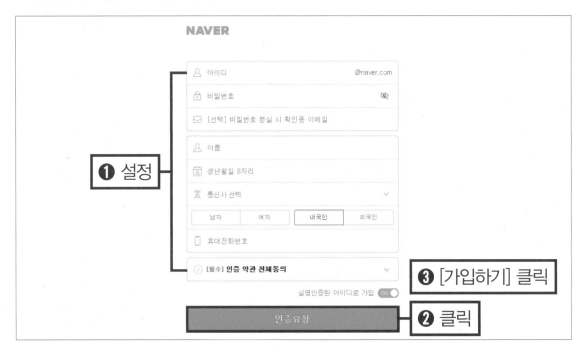

04 [블로그]를 클릭합니다.

05 '2단계 인증 화면'이 나타납니다. 이는 보다 안전한 네이버 서비스를 사용할 때 인증을 받습니다. 여기에서는 왼쪽 상단의 초록색 [N]을 클릭합니다.

06 회원가입이 완료되고 네이버 초기 화면이 나타납니다. 화면 오른쪽의 [블로그]를 클릭합니다. [블로그 아이디 만들기]를 클릭합니다.

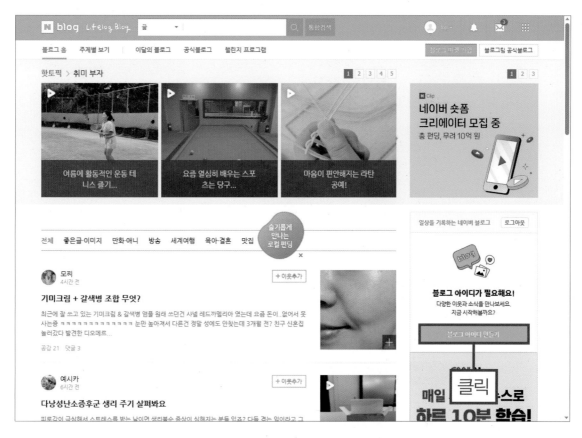

07 사용하고자 하는 블로그 아이디를 만들어서 입력한 후 [확인]을 클릭합니다. 한 번 만든 블로그는 변경이 불가능하다는 팝업 창이 뜹니다. [확인]을 클릭합니다.

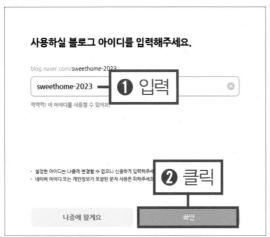 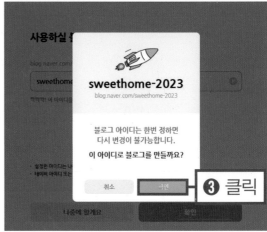

📎 **조금 더 배우기**

블로그 아이디는 '영문 소문자, 숫자, −, _'만 사용할 수 있습니다. 네이버 아이디와 개인 정보가 포함된 문자 사용은 피합니다.

08 '환영합니다!' 메시지가 보이면 하단의 [바로 시작하기]를 클릭합니다. 화면 오른쪽의 [내 블로그]를 클릭하여 만들어진 블로그를 확인합니다.

 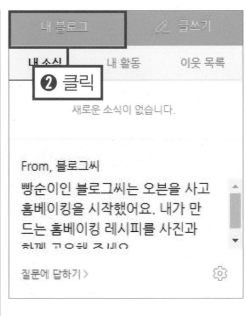

블로그 기본 정보 작성하기

01 내 블로그 화면 왼쪽의 [관리 · 통계] 메뉴 중 [관리]를 클릭합니다.

02 왼쪽 사이드 바 메뉴 중 '기본 정보 관리' 목록에서 [블로그 정보]를 클릭합니다. '블로그명'과 '별명', '소개글', '내 블로그 주제'를 입력합니다. '블로그 프로필 이미지'에서 [등록]을 클릭합니다.

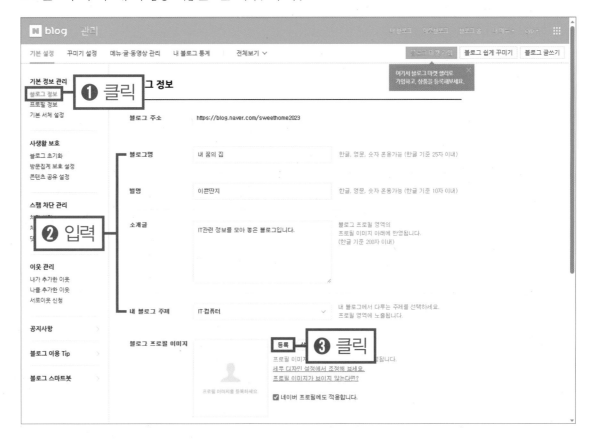

03 '이미지 첨부' 창이 나타나면 [찾아보기]를 클릭합니다. 컴퓨터에 저장되어 있는 사진을 선택하거나 프로필 사진이 준비되지 않았다면 [예제폴더]에서 [프로필 사진.jpg]를 선택한 후 [열기]를 클릭합니다. '이미지 첨부' 창에서 [확인]을 누릅니다.

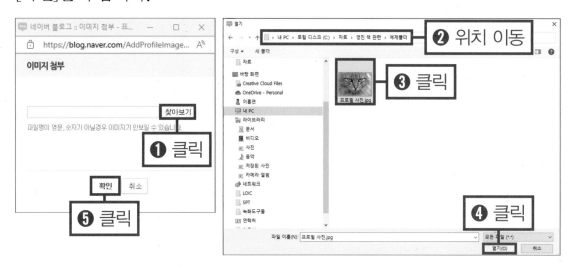

04 프로필 사진이 보입니다. 화면 아래의 [확인]을 클릭한 후 '성공적으로 반영되었습니다.' 메시지 창이 나타나면 [확인]을 클릭합니다.

블로그 기본 환경 설정하기

01 블로그 콘셉트에 맞춰 서체를 선택하는 것이 좋습니다. 왼쪽 메뉴에서 [기본 서체 설정]을 클릭하면 '기본 서체 설정' 항목이 나옵니다.

02 서체는 '나눔스퀘어', 크기는 '16', 행간 '180%', 정렬은 '왼쪽 정렬'을 선택하고 [확인]을 클릭합니다. '성공적으로 반영되었습니다.' 메시지 창이 나타나면 [확인]을 클릭합니다.

03 PC에 기본적으로 적용되는 스킨을 선택하기 위해 화면 위 메뉴 중 [꾸미기 설정] 탭을 클릭합니다. 왼쪽 메뉴에서 [스킨 선택]을 클릭하면 다양한 스킨 화면을 볼 수 있습니다.

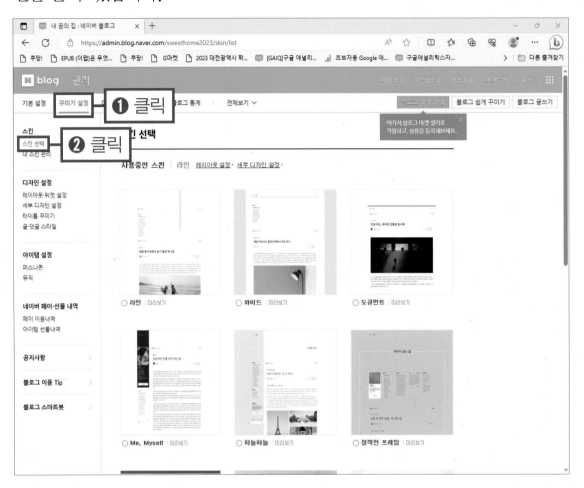

🔖 조금 더 배우기

[미리보기]를 누르면 적용 예정인 스킨 상태를 미리 파악할 수 있습니다.

02

블로그 레이아웃

네이버 블로그의 구성 요소를 배열하는 것을 레이아웃이라 합니다. 블로그의 화면 배치를 최적의 스타일로 꾸며보도록 하겠습니다.

▌ 완성 화면 미리 보기

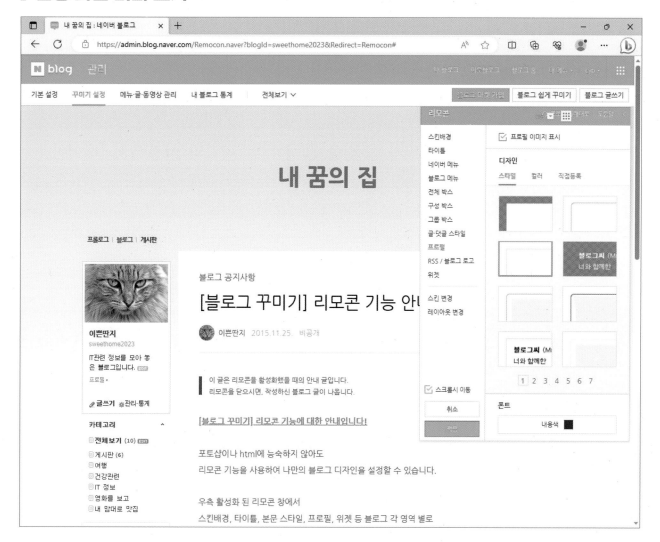

▌ 여기서 배워요!

블로그 레이아웃 적용하기, 블로그 위젯 설정하기, 세부 디자인 설정 리모콘 사용하기

내 블로그에 맞는 레이아웃 적용하기

01 블로그 초기 화면 왼쪽의 [관리 · 통계]에서 [관리]를 클릭합니다.

02 화면 상단 탭에서 [꾸미기 설정]을 클릭한 후 '디자인 설정'에서 [레이아웃 · 위젯 설정]을 클릭합니다.

03 '레이아웃 · 위젯 설정' 화면이 나타납니다. 네이버에서 제공하는 레이아웃의 종류는 기본형 10, 확장형 2개로 구분됩니다. 보통 블로그가 개설되면 기본형 첫 번째 레이아웃이 설정되어 있습니다.

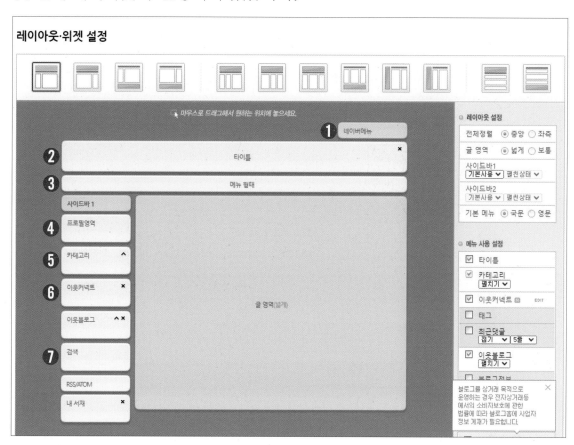

① **네이버메뉴** : 내 블로그, 이웃블로그, 블로그 홈, 내 메뉴, 네이버 아이디 메뉴가 배치되어 있습니다.

② **타이틀** : 블로그의 이름이나 대표하는 이미지를 넣는 영역입니다.

③ **메뉴 형태** : 블로그의 메뉴로 프롤로그, 블로그 등이 있습니다.

④ **프로필 영역** : 본인의 사진 및 소개글이 보이는 영역입니다.

⑤ **카테고리** : 블로그 콘텐츠를 속성별로 구분하여 관리할 수 있는 범주가 보이는 영역입니다.

⑥ **이웃커넥트** : 초기에는 활용하지 않고 추후 이웃이 많아지게 되면 이웃 관리를 해 주는 기능입니다.

⑦ **검색** : 내 블로그의 콘텐츠를 검색해 주는 기능입니다.

레이아웃 구성 요소 위치

01 첫 번째 레이아웃을 클릭합니다. 오른쪽의 '네이버 메뉴', 네이버 메뉴 바로 밑에 '타이틀', '메뉴 형태'가 보이고, 왼쪽 '사이드바 1'에는 '프로필영역', '카테고리', '이웃커넥트', '이웃블로그', '검색' 등의 메뉴가 보입니다. 메뉴의 [삭제] (⊠)를 클릭하면 화면에서 보이지 않도록 할 수 있습니다.

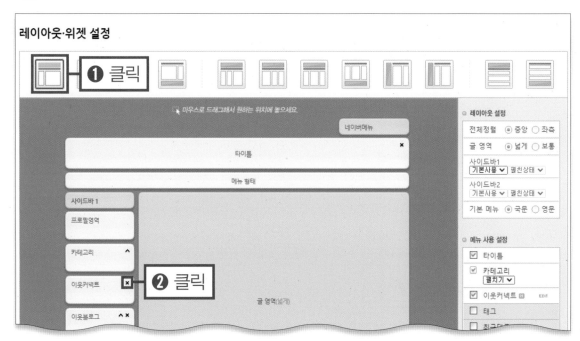

02 오른쪽 메뉴의 '레이아웃 설정'에서 '전체정렬'은 [중앙], '글 영역'은 [넓게]를 각각 클릭합니다.

03 '메뉴 사용 설정'에서 체크 표시(☑)가 되어 있는 메뉴는 내 블로그 메뉴에서 사용하겠다는 의미입니다. [카테고리] 메뉴의 목록 단추를 누른 후 [펼치기]를 선택합니다.

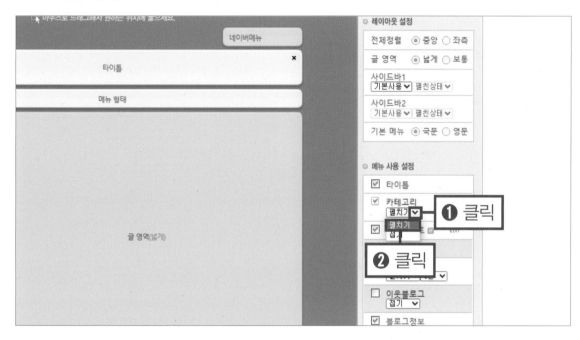

04 화면 맨 아래의 [적용]을 클릭합니다. '레이아웃을 블로그에 적용하시겠습니까?' 메시지가 나타나면 [확인]을 클릭합니다.

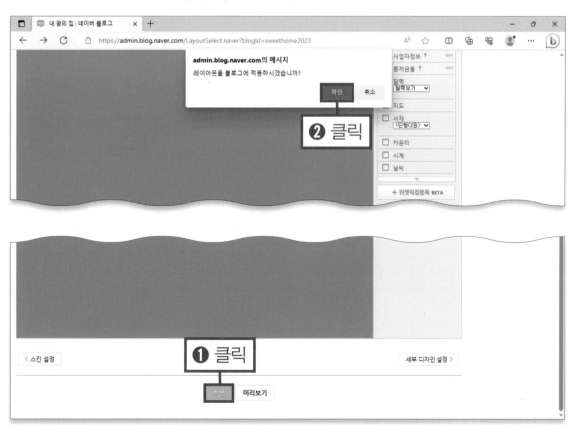

05 내 블로그 초기 화면으로 이동하면 첫 번째 레이아웃에서 설정했던 메뉴의 위치를 확인합니다.

STEP 03   **위젯 설정하기**

01 내 블로그 초기 화면에서 [관리]를 클릭합니다. [꾸미기 설정]-[레이아웃 · 위젯 설정]을 차례대로 클릭합니다.

02 오른쪽 '위젯 사용 설정' 메뉴 아래에서 [사업자 정보]부터 [CCL] 등까지 원하는 위젯을 체크하여 사용할 수 있습니다. 여기에서는 [달력], [날씨], [명언]을 각각 클릭하여 체크합니다.

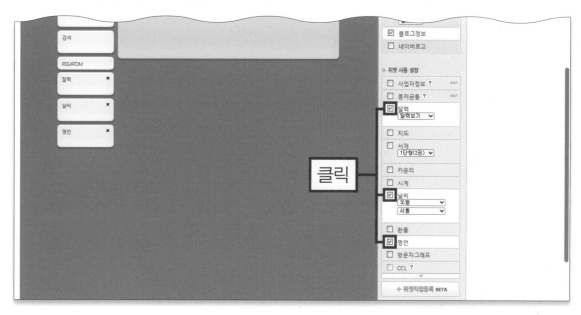

🖊️ **조금 더 배우기**

목록이 보이지 않으면 드래그하여 아래로 내립니다.

03 왼쪽의 사이드바 1에 체크한 위젯이 보입니다. 위젯을 드래그하여 위치를 변경할 수도 있습니다.

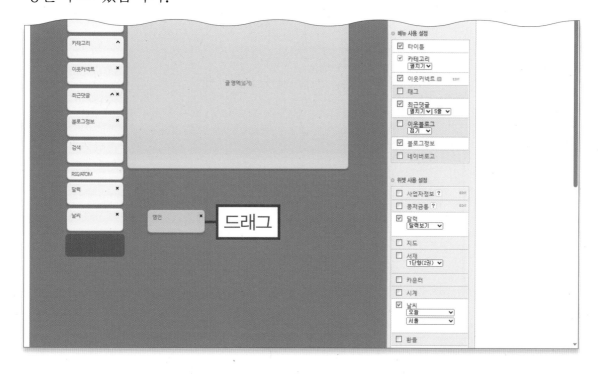

04 화면 맨 아래의 [적용]을 클릭한 후 '레이아웃을 블로그에 적용하시겠습니까?'
메시지가 나타나면 [확인]을 클릭합니다.

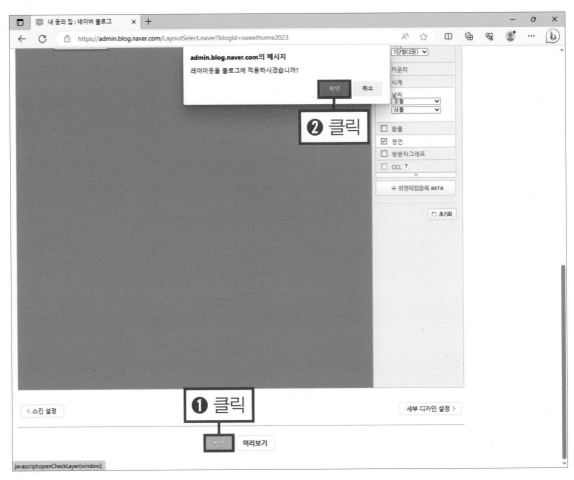

05 내 블로그 초기 화면으로 이동하면 체크한 위젯을 확인합니다.

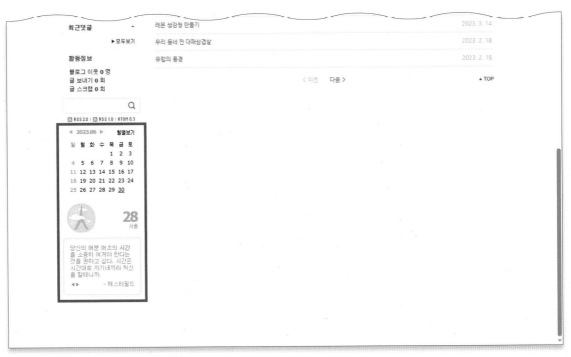

세부 디자인 설정 리모콘 사용하기

01 블로그 홈 오른쪽 상단에서 [내 메뉴]-[세부 디자인 설정]을 차례대로 클릭합니다.

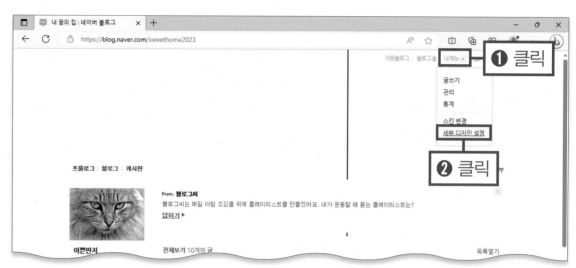

02 '스킨배경'은 블로그 본문 외곽에 보이는 이미지입니다. 네이버에서 제공하는 스타일을 선택하거나, 직접 이미지를 고를 수 있습니다. 그중 원하는 스타일을 마우스로 클릭하여 선택합니다.

🔖 조금 더 배우기

리모콘 기능의 메뉴는 '스킨배경', '타이틀', '네이버 메뉴', '블로그 메뉴', '전체 박스', '구성 박스', '그룹 박스', '글·댓글 스타일', '프로필', 'RSS/블로그 로고', '위젯'이 있습니다.

03 [타이틀]을 선택하면 '블로그 제목'이 보입니다. '블로그 제목'의 '폰트'와 '폰트 크기', '정렬' 등을 지정할 수 있습니다.

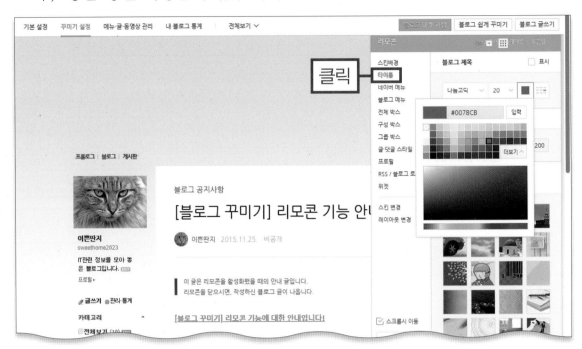

04 '네이버 메뉴'부터 '프로필'까지 살펴보고 원하는 스타일을 클릭하여 꾸며봅니다. 설정이 완료되면 [적용]을 클릭합니다.

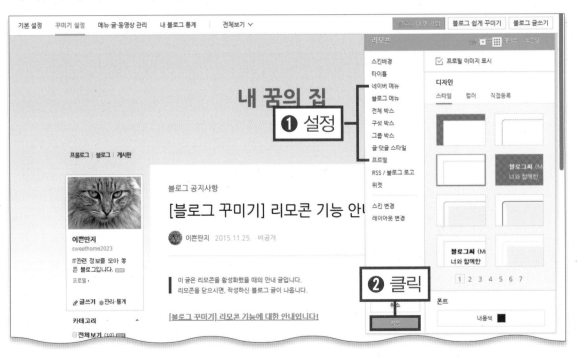

조금 더 배우기

'세부 디자인 적용' 메시지가 나타나면 [적용]을 클릭하도록 합니다.

혼자서도 만들 수 있어요!

1 블로그 위젯 중 [시계] 위젯을 내 블로그에 적용해 보세요.

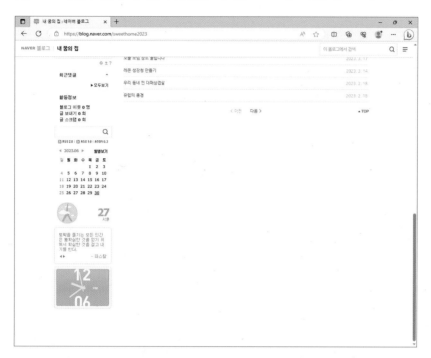

hint [관리]–[꾸미기 설정] 클릭 → [레이아웃 · 위젯 설정] 메뉴에서 [시계]를 클릭하여 체크

2 블로그의 레이아웃을 아래의 이미지처럼 변경해 보세요.

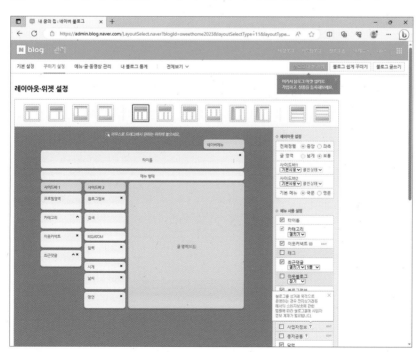

hint [관리]–[꾸미기 설정] 클릭 → [레이아웃 · 위젯 설정] 메뉴에서 5번째 레이아웃 클릭

블로그 타이틀 꾸미기

블로그 타이틀 영역은 블로그에 들어올 때 가장 먼저 보이는 대문의 역할로, 블로그의 정체성을 담고 있는 영역입니다. 여기서는 기본으로 제공하는 블로그 이미지와 블로그 타이틀, 유튜브의 섬네일 등을 무료로 만들 수 있는 '캔바' 온라인 디자인 툴을 사용하여 타이틀 영역을 꾸며봅니다.

▌ 완성 화면 미리 보기

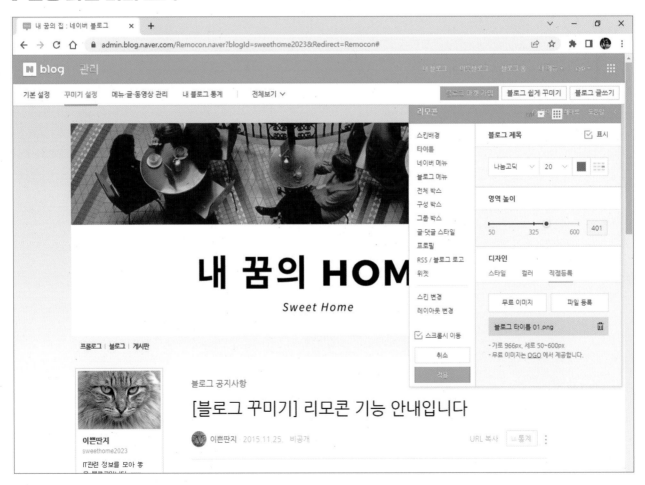

▌ 여기서 배워요!

Canva를 사용하여 타이틀 만들기, 직접 만든 타이틀 등록하기

스타일로 타이틀 설정하기

01 리모콘 메뉴에서 [타이틀]을 클릭합니다. '디자인' 항목의 '스타일'에서 원하는 스타일을 클릭합니다.

조금 더 배우기

'스타일'의 종류는 하단의 1~4페이지까지 있습니다. 한 페이지씩 클릭하며 원하는 스타일을 찾아보세요.

02 여기서는 [2]를 클릭한 후 스타일을 선택하고 [적용]을 클릭합니다.

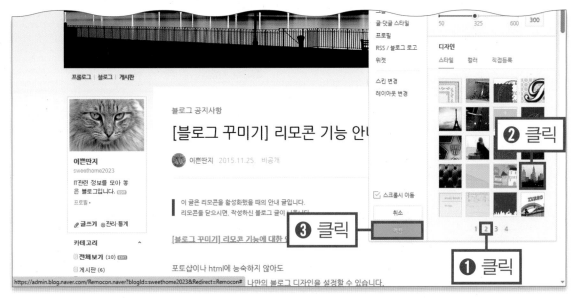

Canva를 사용하여 나만의 타이틀 만들기

01 네이버 검색란에 '캔바(www.canva.com)'를 입력한 후 Enter 를 누릅니다. 사이트 목록에서 [모두가 사용할 수 있는 Canva 비주얼 스위트]를 클릭합니다.

02 '캔바' 홈페이지가 나타나면 [무료로 가입하기]를 클릭합니다.

03 캔바의 이용 약관 모두를 클릭하여 체크하고 [동의 및 계속]을 클릭합니다.

04 구글 메일로 가입하면 간단하게 회원 가입할 수 있으니 되도록 [Google로 계속하기]를 클릭합니다. 구글 계정이 없다면 [이메일로 계속하기]를 클릭하여 입력한 이메일로 인증을 받습니다. 여기서는 구글을 선택하였습니다.

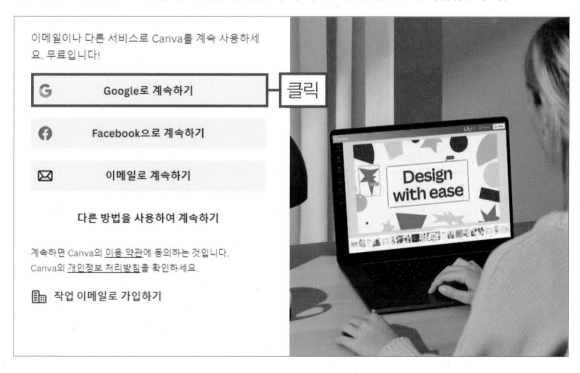

05 구글 이메일을 선택합니다.

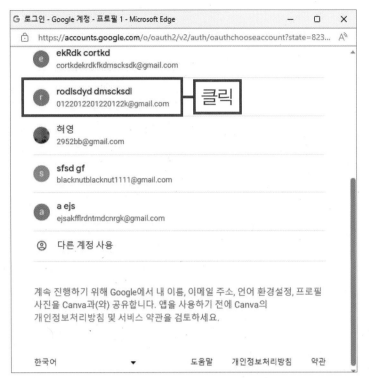

조금 더 배우기

구글 계정이 없다면 다른 이메일 계정을 사용해도 됩니다. 다만 구글 계정을 제외한 이메일을 사용할 때는 사용한 이메일로 오는 인증코드를 확인하고, 회원 가입할 때 인증코드를 입력해야 합니다.

06 'Canva를 어디에 사용하실 건가요?' 화면이 나타나면 [개인]을 클릭합니다.

07 '지금 새로운 Magic Studio 기능을 모두 활용해 보세요' 화면이 나타나면 오른쪽 상단에서 [나중에 하기]를 클릭합니다.

🖊 **조금 더 배우기**

광고 창이 나타나면 [나중에]를 클릭합니다.

08 캔바 회원가입이 완료되면 초기 화면이 나타납니다. 오른쪽 위의 [디자인 만들기]를 클릭합니다. 검색란에 [블로그]를 입력한 후 목록에서 [블로그 배너]를 클릭합니다.

09 화면 왼쪽에 다양한 타이틀 템플릿이 나타납니다. 원하는 템플릿을 클릭하면
화면 중앙 작업 영역에 선택한 템플릿이 나타납니다.

💭 **조금 더 배우기**

왕관 모양의 [PRO] 이미지는 유료 이미지입니다. [PRO]가 적히지 않은 이미지는 무료이니 무료를 선
택하여 디자인하도록 합니다.

10 글자를 수정하기 위해 중간에 있는 큰 글자를 더블 클릭합니다. 기존 글자가
파랗게 영역 지정되면 블로그 타이틀 제목을 입력합니다. 하단의 작은 글씨도
더블 클릭하여 부제목을 입력합니다.

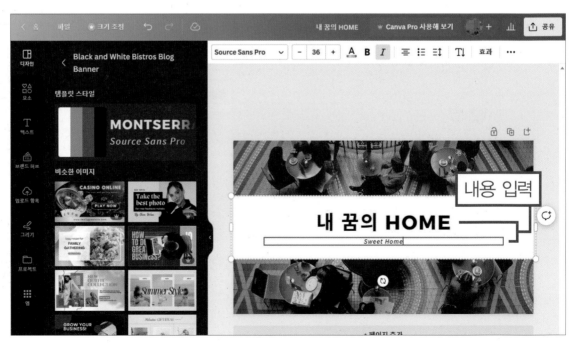

11 이미지를 추가하고 싶다면 화면 왼쪽의 [요소] 메뉴를 클릭합니다. '요소'에서는 선 및 도형부터 그래픽, 스티커 등을 다양하게 제공합니다. 사용하려는 요소를 클릭하면 작업 영역으로 삽입됩니다.

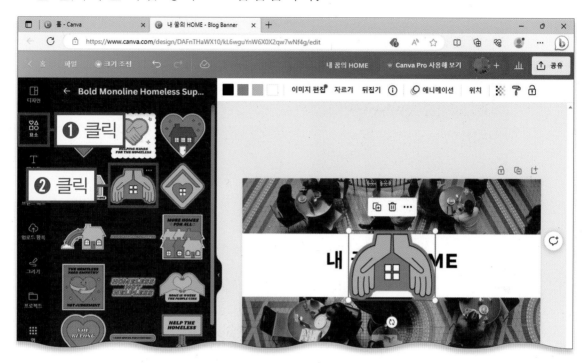

12 삽입된 요소의 보라색 사각형 모서리에 있는 동그란 조절점을 드래그하여 크기를 변경하고 요소의 중앙을 드래그하여 원하는 위치에 배치합니다.

13 파일 명을 입력하기 위해 화면 상단 중앙에 '블로그 타이틀 01'을 입력합니다.

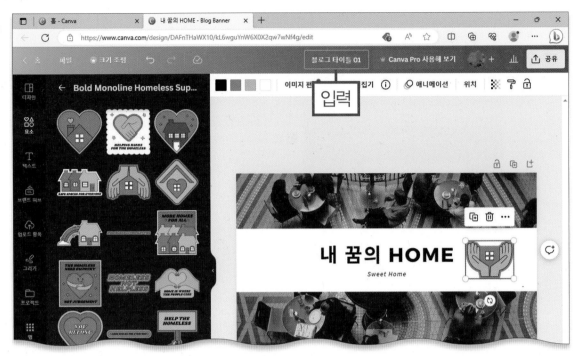

14 화면 오른쪽 위의 [공유]-[다운로드]를 차례대로 클릭합니다.

15 '파일 형식'은 'JPG' 또는 'PNG'로 지정하고 [다운로드]를 클릭하면 내 PC로 저장됩니다.

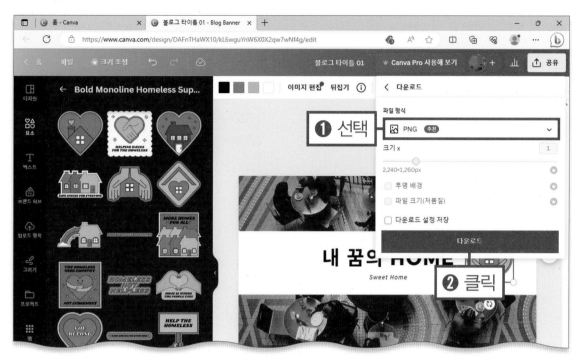

타이틀 이미지 직접 등록하기

01 캔바에서 만든 타이틀을 내 블로그 타이틀에 적용해 보겠습니다. 내 블로그의 리모콘 메뉴에서 [타이틀]을 클릭한 후 [직접등록]–[파일 등록]을 차례대로 클릭합니다.

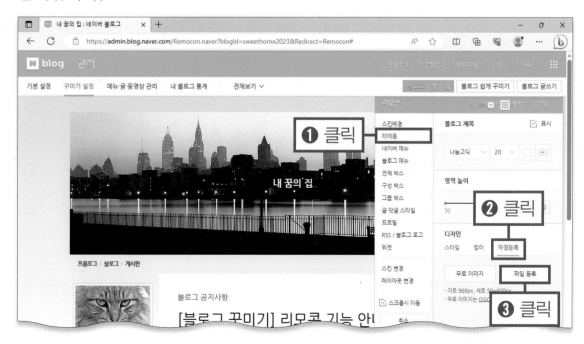

02 '열기' 창이 나타나면 캔바에서 저장한 [블로그 타이틀 01.png]를 클릭하고 [열기]를 클릭합니다.

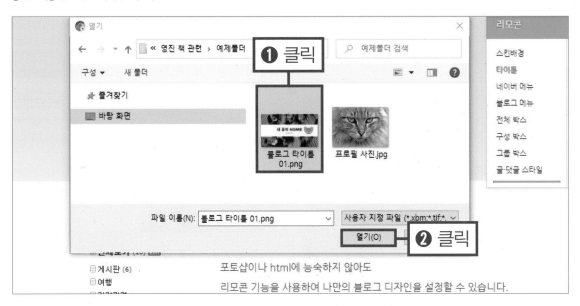

03 적용된 타이틀의 높이를 '영역 높이'에서 '50'부터 '600'까지 적절히 조절하여 적용합니다. [적용]을 누르면 완성된 블로그 타이틀이 보입니다.

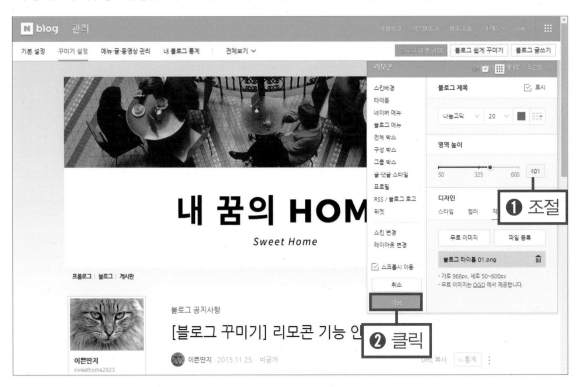

⚓ **조금 더 배우기**

타이틀의 높이를 미리 정한 후 Canva에서 맞추어 사용하면 따로 높이를 지정할 필요가 없습니다.

04

스마트 에디터 ONE으로 콘텐츠 작성하기

POINT

블로그의 외부를 꾸몄다면 이제, 블로그의 주목적인 콘텐츠를 올려보도록 합니다. 블로그의 콘텐츠 종류는 글, 이미지, 동영상이 있습니다.

▌완성 화면 미리 보기

▌여기서 배워요!

스마트 에디터 ONE에서 글쓰기, 이미지 올리기, 동영상 올리기, 템플릿 활용하기

01 자신의 블로그 화면 왼쪽의 [글쓰기]를 클릭하면 아래 이미지와 같이 글쓰기 스마트 에디터가 실행됩니다.

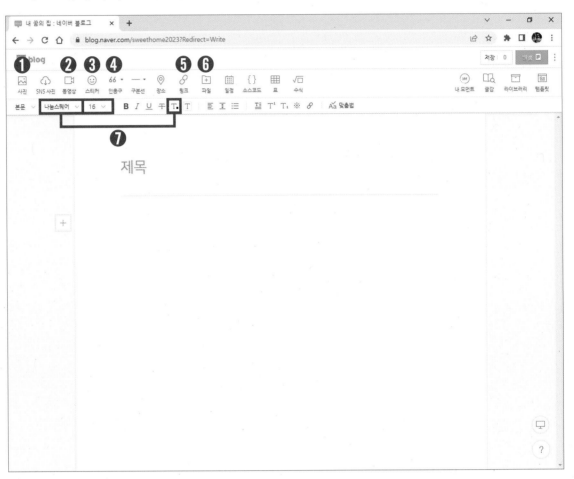

① **사진** : 블로그에 추가할 사진을 불러오는 메뉴입니다.

② **동영상** : 블로그에 추가할 동영상을 불러오는 메뉴입니다.

③ **스티커** : 블로그에 다양한 형태의 아이콘을 추가하는 메뉴입니다.

④ **인용구** : 블로그의 내용 중 출처를 남기고자 하는 인용구 표시를 하는 메뉴입니다.

⑤ **링크** : 블로그의 글이나 이미지에 URL 주소를 삽입하여 연결할 수 있도록 합니다.

⑥ **파일** : 블로그에 첨부 파일을 올리는 메뉴입니다.

⑦ **서체 변경, 글자 크기 변경, 글자색 변경** : 블로그에 입력한 내용의 글꼴, 글자 크기, 글자색을 변경할 수 있습니다.

02 '제목'을 클릭하여 블로그에 올릴 내용의 제목을 입력합니다. 제목을 입력한 후 아래 본문 입력란을 클릭하여 본문 내용을 입력합니다.

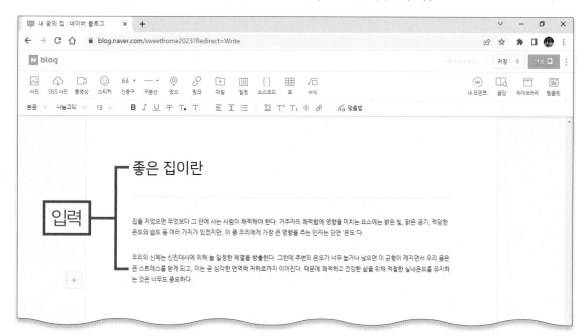

03 본문의 서식을 변경하기 위해 내용 중 일부(여기서는 '쾌적해야 한다')를 드래그해 지정합니다. [글자색 변경](T.) 아이콘을 클릭한 후 색상표에서 원하는 색을 선택합니다.

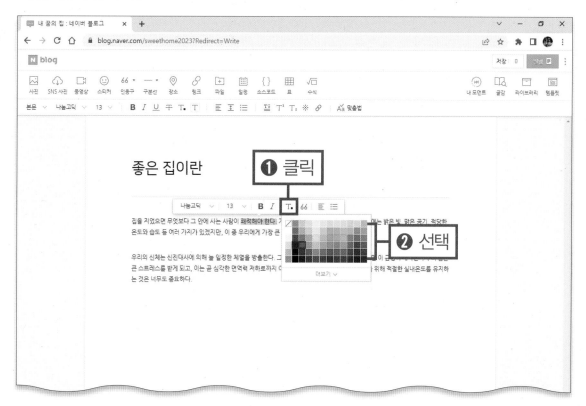

04 이번에는 강조하고 싶은 문구(여기서는 '우리의 신체는 신진대사에 의해 늘 일정한 체열을 방출한다.')를 한 문단으로 나누고 드래그합니다. '인용구' 편집 도구가 나오면 [인용구](66) 아이콘을 클릭합니다.

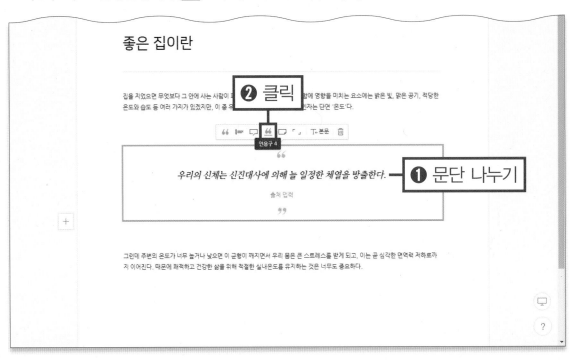

05 블로그에 등록하기 위해서 오른쪽 위의 [발행]을 클릭합니다. '발행' 대화상자 가 나오면 다시 한 번 [발행]을 클릭합니다.

이미지 올리기

01 자신의 블로그 화면 왼쪽의 [글쓰기]를 클릭합니다. 제목에 '좋은 집이란'을 입력하고 메뉴 목록에서 [사진]을 클릭합니다. '열기' 대화상자가 나타나면 [예제폴더]에서 [좋은 집.jpg]를 선택한 후 [열기]를 클릭합니다.

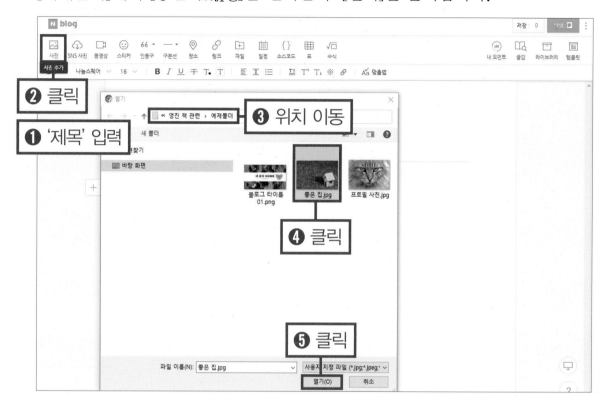

02 삽입된 사진을 클릭하면 [빠른 도구] 메뉴가 나타납니다. [메뉴] 중 [작게] (🔲)를 클릭합니다.

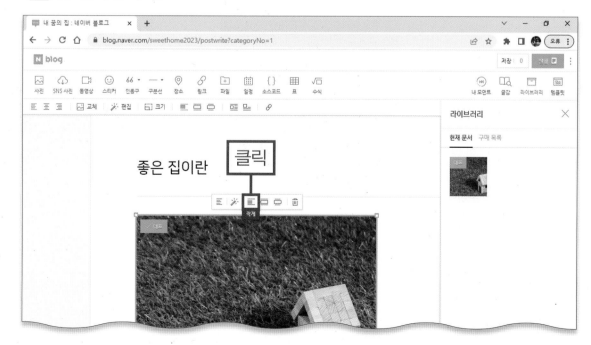

03 사진 바로 밑의 [사진 설명을 입력하세요.]를 클릭하여 '건강한 집'이라고 입력합니다.

04 블로그에 등록하기 위해서 오른쪽 위의 [발행]을 클릭합니다. '발행' 대화상자가 나오면 다시 한 번 [발행]을 클릭합니다.

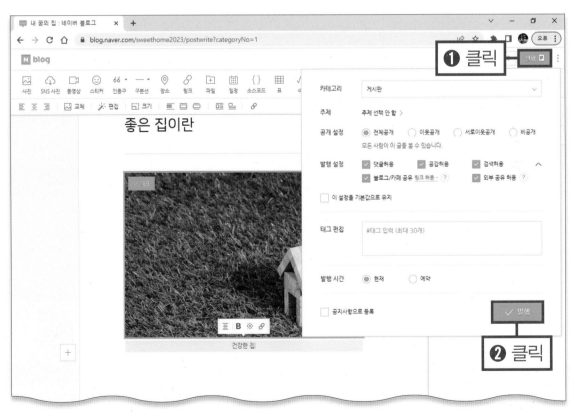

동영상 올리기

01 블로그 화면 왼쪽의 [글쓰기]를 클릭합니다. 제목에 '수영장이 있는 집'을 입력한 후 메뉴 목록에서 [동영상]을 클릭합니다. [동영상 추가]를 클릭한 다음 [예제폴더]에서 [수영하기.mp4]를 선택한 후 [열기]를 클릭합니다.

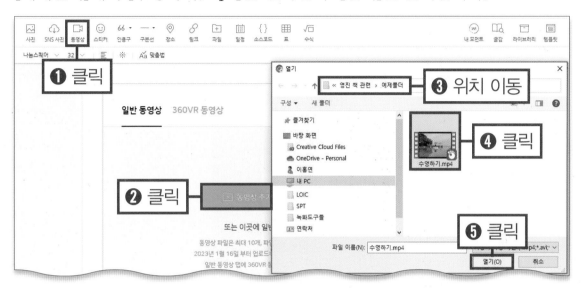

02 '동영상 업로드' 대화상자가 나타납니다. 화면 왼쪽의 '업로드 완료' 문자가 뜨면 화면 중앙에 6개의 '대표 이미지' 섬네일 중 하나를 선택합니다. '제목'에 '수영장이 있는 집'을 입력한 후 [완료]를 클릭합니다.

조금 더 배우기

섬네일은 블로그나 유튜브에서는 영상의 전체 의미를 사전에 알아볼 수 있게 영상의 일부분을 화면에 띄우는 것을 말합니다.

03 내용 입력 부분에 삽입한 동영상이 보입니다. 동영상 중앙에 재생을 클릭하여 영상을 미리 보기한 후 오른쪽 위의 [발행]을 클릭합니다. '발행' 대화상자가 나오면 다시 한 번 [발행]을 클릭하여 블로그에 동영상을 업로드합니다.

수영장이 있는 집

템플릿을 활용해 손쉽게 콘텐츠 작성하기

01 블로그 화면 왼쪽의 [글쓰기]를 클릭합니다. 화면 오른쪽 위의 메뉴 목록에서 [템플릿]을 클릭합니다.

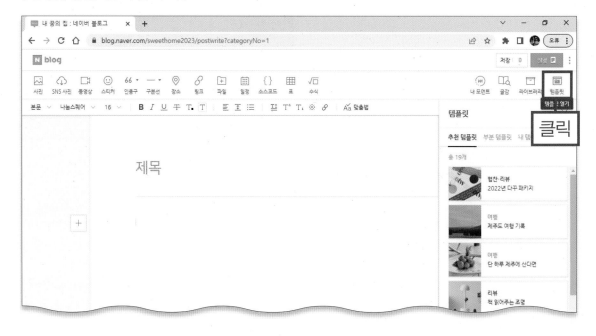

02 템플릿의 종류는 '추천 템플릿', '부분 템플릿', '내 템플릿'으로 구분됩니다. '추천 템플릿' 목록에서 [여행 제주도 자유여행]을 찾아 클릭합니다.

03 템플릿을 사용하면 제목이나 이미지로 구성된 꾸미기를 고민하지 않아도 자동으로 만들어집니다. 작성자는 내용만 수정하면 됩니다. 여기서는 제목은 '제주도 자유여행 3박4일 코스'로, 내용은 아래와 같이 변경합니다.

04 화면 아래는 'DAY 1', 'DAY 2' 항목으로 여행 사진과 내용이 입력되어 있습니다. [예제폴더]에서 '천제연 폭포'와 '주상절리대' 사진을 불러와 아래와 같이 'DAY3'에 해당하는 내용을 추가해 봅니다.

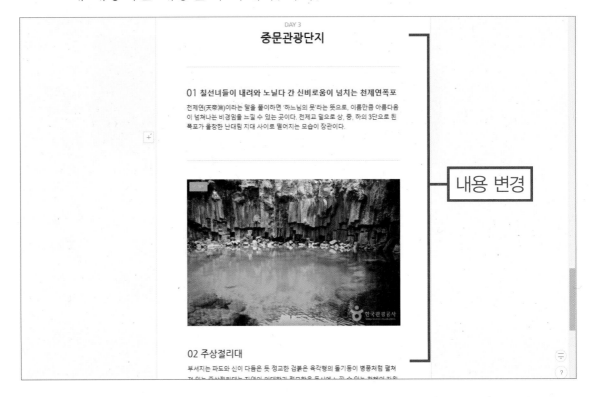

05 오른쪽 위의 [발행]을 클릭합니다. '발행' 대화상자가 나오면 다시 한 번 [발행]을 클릭하여 템플릿을 사용한 콘텐츠를 업로드합니다.

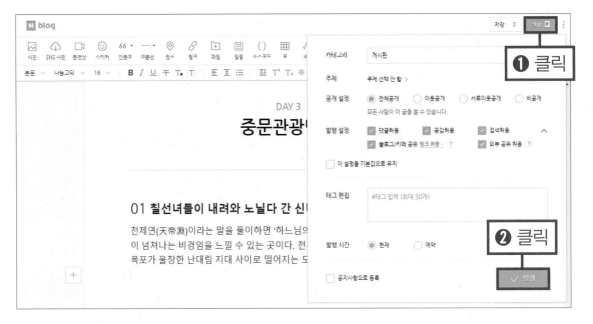

🎣 **조금 더 배우기**

'발행 설정'에서 [블로그/까페 공유]의 체크를 해제하면 내가 올린 콘텐츠를 공유할 수 없습니다.

혼자서도 만들 수 있어요!

1 블로그에 자신이 원하는 주제로 글을 작성해 보세요.

hint [글쓰기]를 클릭한 후 '제목'과 '내용' 입력 → 내용 확인 후 [발행] 클릭

2 [예제폴더]에서 [유럽01.jpg~유럽05.jpg] 사진을 불러와 블로그에 업로드해 보세요.

hint [글쓰기]를 클릭한 후 메뉴 목록에서 [사진] 클릭 → '사진 첨부 방식'에서 [콜라주] 선택

메뉴 · 글 관리

POINT

블로그를 처음 방문했을 때 보이는 상단 메뉴와 블로그의 많은 콘텐츠를 특성별로 모아놓는 카테고리를 만들어서 관리해 보도록 하겠습니다.

▌완성 화면 미리 보기

▌여기서 배워요!

상단 메뉴 설정하기, 블로그 카테고리 설정하기, 카테고리 관리하기

상단 메뉴 설정

01 내 블로그 메인 화면에서 [관리]를 클릭한 후 상단의 [메뉴·글·동영상 관리] 탭을 클릭합니다. 기본으로 지원되는 [게시판] 카테고리를 블로그의 상단 메뉴로 지정해 보겠습니다. '상단 메뉴 지정' 항목의 왼쪽 '블로그 카테고리'에서 [게시판]을 클릭한 후 [선택]을 클릭합니다. 오른쪽의 '선택한 메뉴'로 이동합니다.

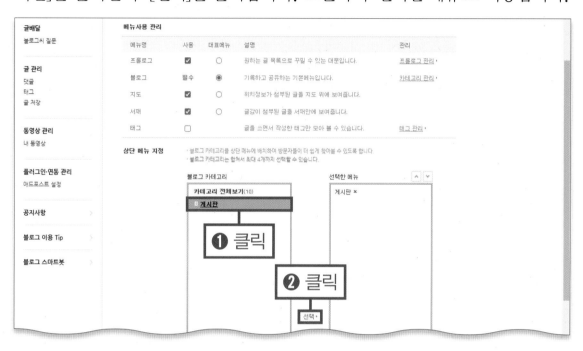

💡 조금 더 배우기

'상단 메뉴 지정'에서 내 블로그 상단 메뉴를 구성할 수 있습니다. 최대 5개의 메뉴와 카테고리 배치가 가능합니다. 프롤로그, 블로그, [선택한 카테고리], 지도, 서재, 태그 순으로 배치됩니다.

02 [확인]을 클릭합니다. '성공적으로 반영되었습니다.' 메시지 창이 나타나면 [확인]을 클릭합니다.

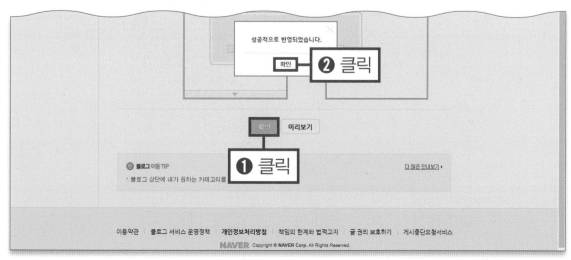

STEP 02 카테고리 설정

01 이번에는 [메뉴·글·동영상 관리] 탭에서 왼쪽 메뉴 중 [블로그]를 클릭합니다. '카테고리 관리·설정' 항목에서 [카테고리 추가]를 클릭하면 '게시판'이라는 카테고리가 추가됩니다.

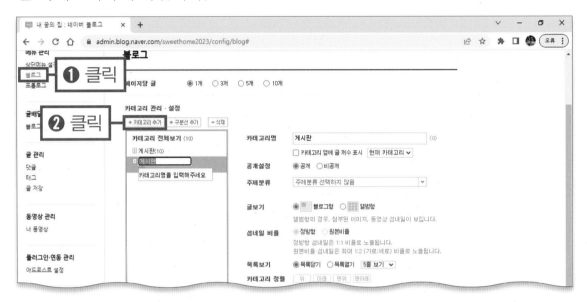

02 오른쪽 '카테고리명'에서 '게시판'을 삭제하고 '건강관리'를 입력합니다. '공개설정'은 [공개], '주제분류'는 [일상·생각]을 각각 클릭하여 선택한 후 [확인]을 클릭합니다. '성공적으로 반영되었습니다.' 메시지 창이 나타나면 [확인]을 클릭합니다.

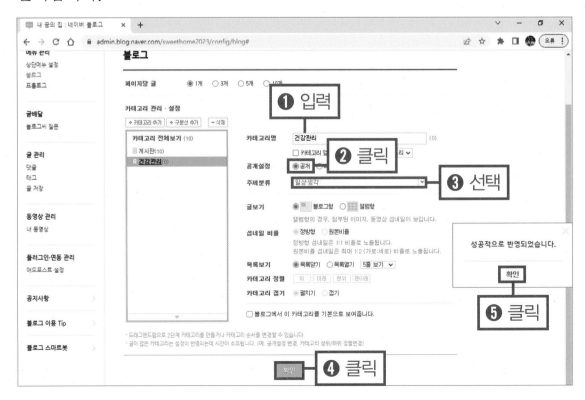

03 블로그 홈 화면으로 이동합니다. 왼쪽의 '카테고리' 항목 아래로 '건강관리' 카테고리를 확인합니다.

카테고리 삭제 및 이동

01 내 블로그 메인 화면에서 [관리]를 클릭한 후 [메뉴 · 글 · 동영상 관리] 탭을 클릭합니다. 왼쪽 메뉴 목록에서 [블로그]를 클릭합니다. [카테고리 추가]를 클릭한 후 'IT 정보', '여행', '기타' 카테고리를 각각 추가합니다.

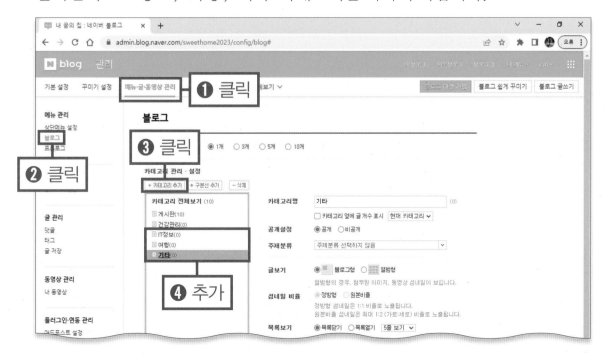

02 앞서 만든 카테고리 중 [기타]를 삭제하겠습니다. [기타] 카테고리를 클릭한 후 [삭제]를 클릭합니다. '카테고리 삭제' 메시지 창이 나타나면 [삭제]를 클릭합니다.

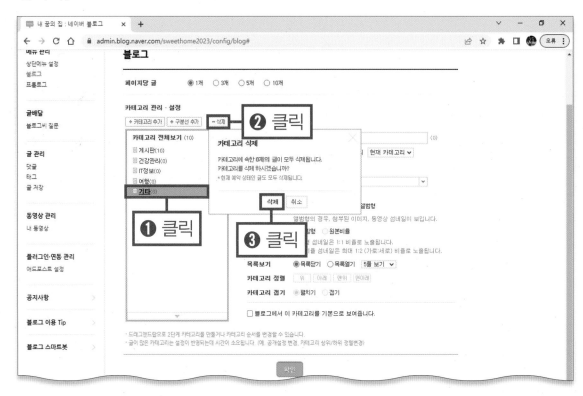

03 이번에는 카테고리 순서를 변경하겠습니다. [여행] 카테고리를 드래그하여 '건강관리' 카테고리 위로 끌어다 놓습니다.

04 위치가 변경된 것을 확인한 후 [확인]을 클릭합니다. '성공적으로 반영되었습니다.' 메시지 창이 나타나면 [확인]을 클릭합니다.

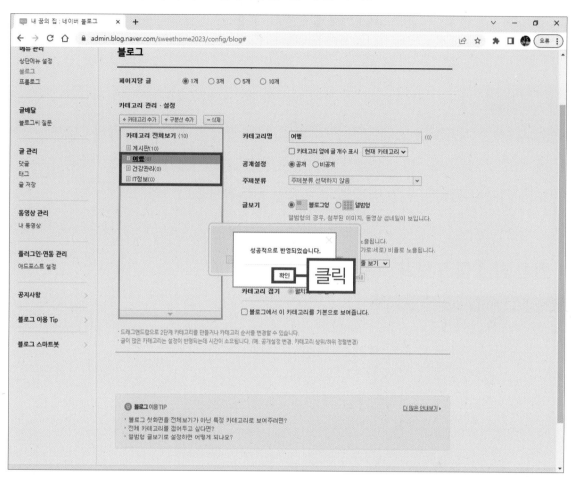

🥄 조금 더 배우기

'공개설정'에서 '비공개'를 선택하면 선택한 카테고리가 블로그 방문자에게는 보이지 않고 나에게만 보입니다.

모바일 블로그 앱 살펴보기

요즘 사람들은 PC보다 스마트폰을 더 많이 사용합니다. 모바일은 언제 어디서든지 원하는 업무를 바로 처리할 수 있는 장점이 있기 때문입니다. 실제 요즘 블로그 방문자 통계 수치를 보면 압도적으로 모바일 사용자가 많다는 것을 알 수 있습니다.

▌ 완성 화면 미리 보기

▌ 여기서 배워요!

모바일 블로그 앱 설치하기, 모바일 블로그 설정, 모바일 블로그에 글쓰기

모바일 블로그 앱 설치하기

01 안드로이드폰에서 [Play 스토어]를 터치한 후 검색란에 '네이버블로그'를 입력하여 검색합니다. [설치]를 터치한 후 다운로드가 완료되면 [열기]를 터치합니다. 네이버 로그인 화면이 나타나면 자신의 '아이디'와 '비밀번호'를 입력한 후 [로그인]을 터치합니다.

02 로그인한 후 바로 나타나는 화면은 '이웃새글'입니다. 이웃이 없는 경우 추천글이 뜹니다. 블로그 앱 화면 아래에는 5개의 메뉴가 있습니다.

① [이웃새글](🖥) : 이웃한 블로그의 새 글을 보여줍니다.

② [추천글](⊘) : 네이버에서 관심 주제에 따라 내용을 추천합니다.

③ [글쓰기](✐) : 블로그에 글, 이미지, 동영상의 콘텐츠를 올릴 수 있습니다.

④ [내소식](🔔) : 블로그씨의 질문과 내 포스팅에 달린 공감 및 댓글 등을 볼 수 있습니다.

⑤ [내 블로그 영역](👤) : 내 블로그 영역을 볼 수 있습니다.

01 화면 아래 오른쪽의 [내 블로그 영역](👤)을 터치한 후 [홈편집]을 터치합니다. [이미지 변경]–[기본 커버 이미지]를 차례대로 터치하여 블로그 앱의 커버 이미지를 변경합니다.

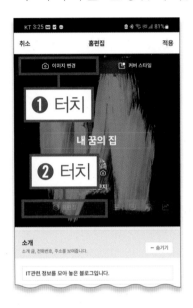

🖊 **조금 더 배우기**

'촬영 또는 앨범에서 선택'은 내 스마트폰의 카메라로 직접 찍은 이미지를 사용하거나 앨범에 있는 사진을 선택할 수 있고, '기본 커버 이미지'는 네이버에서 서비스하는 이미지를 선택할 수 있습니다.

02 네이버에서 서비스하는 기본 거버 이미지 중 하나를 선택하고 [확인]을 터치합니다. 변경된 커버 이미지가 확인됩니다. 이번에는 [커버 스타일]을 터치합니다. '커버 스타일'에서는 커버 이미지와 내 프로필 사진, 블로그 이름의 배치를 선택할 수 있습니다. 하단의 [커버 2]를 터치한 후 [확인]을 터치합니다.

03 [적용]을 터치합니다. 아래 이미지와 같이 변경되었습니다.

STEP 03 ## 모바일 블로그에 콘텐츠 올리기

01 블로그 하단 메뉴에서 [글쓰기](✎)를 터치합니다. 제목과 내용을 입력한 후 [더보기](⋯)를 터치합니다. [구분선]을 터치한 후 [글감]을 터치합니다. '글 감 첨부' 화면이 나타나면 검색란에 [스마트폰]을 검색합니다. 원하는 스마트 폰 이미지를 터치합니다

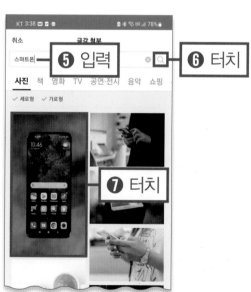

🔖 **조금 더 배우기**

모바일에서도 PC와 동일한 기능을 사용할 수 있습니다. 구분선은 내용의 주제가 바뀔 때 사용합니다.

02 [등록]을 터치합니다. 작성이 완료되면 [이전으로 가기](<)를 터치합니다.

03 블로그 홈 화면이 나타납니다. [메뉴](☰)를 터치하고 [글쓰기]를 터치합니다.

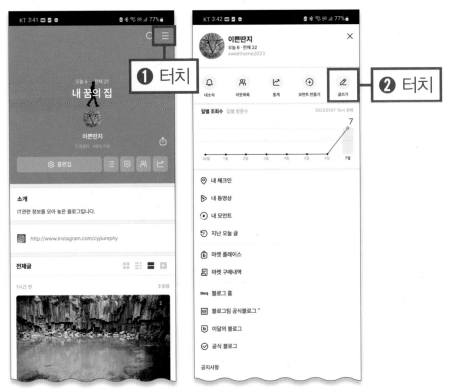

04 '제목'을 입력하고 [위치 추가]를 터치합니다. '장소 첨부' 화면이 나타나면 '장소명을 입력하세요.'를 터치하여 위치를 검색한 후 선택합니다. [등록]을 터치합니다.

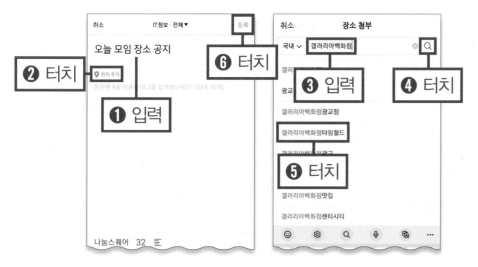

🖋 **조금 더 배우기**

'기기 엑세스 허용 범위' 안내 메시지가 나타나면 [앱 사용 중에만 허용]을 터치합니다.

05 [위치 표시](📍)를 터치하면 모임 장소의 구체적인 정보를 확인할 수 있습니다.

혼자서도 만들 수 있어요!

1 모바일 블로그 앱을 사용하여 글을 올리고 커버 이미지를 변경해 보세요.

hint ① [글쓰기] 터치하여 내용 입력 → 이미지는 [예제파일]의 [대패삼겹살.jpg]를 사용
② [내 블로그 영역]–[홈편집]을 터치 → [이미지 변경]–[기본 커버 이미지]를 터치

2 모바일 블로그 앱을 사용하여 아래와 같은 내용의 글을 올리고 위치 정보를 삽입해 보세요.

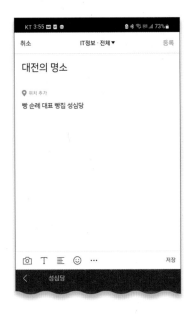

hint [글쓰기] 터치하여 내용 입력 → [위치 추가] 터치한 후 '성심당' 검색

07

모바일 블로그 앱의 외부채널 기능으로 SNS와 연동하기

자기 어필의 시대에 SNS를 여러 가지 운영하고 있는 사람들이 많습니다. 여기서는 자신의 블로그에 또 다른 SNS를 홍보하는 수단으로 외부 링크를 연결하는 방법을 배워봅니다.

▎완성 화면 미리 보기

▎여기서 배워요!

블로그와 인스타그램 연동하기

블로그와 외부 채널 연동하기

01 네이버 블로그 앱의 홈 화면에서 하단의 [내 블로그 영역](👤)을 터치한 후 [홈편집]을 터치합니다.

02 하단의 [+]를 터치한 후 [외부채널]을 터치합니다. 다양한 '외부채널'이 나옵니다. 목록에서 인스타그램을 터치합니다.

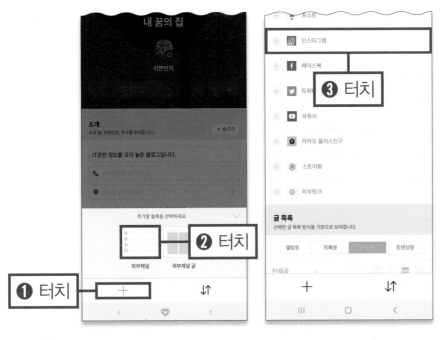

🖋 조금 더 배우기

블로그 계정과 기타 SNS의 계정이 동일하다면 본인이 사용하는 계정을 선택할 수 있도록 SNS가 활성화됩니다.

03 'URL을 입력해 주세요'란에 내 인스타그램의 URL을 입력하고 [확인]을 터치합니다. [적용]을 터치합니다.

04 인스타그램 계정 링크가 홈 화면에 나타납니다. 자신의 채널 홍보나 만약에, 상품을 파는 스마트스토어가 있다면 홍보할 수 있습니다.

Ⅱ. 페이스북의 시작

페이스북의 기본

POINT

페이스북은 현재 전 세계 18억 명에게 소셜 네트워크 서비스(SNS)를 제공하는 인터넷 웹사이트입니다. 줄여서 페북이라 부르기도 합니다. 여기서는 페이스북에 가입하고 홈 화면에 어떤 메뉴가 있는지 알아보도록 하겠습니다.

▎완성 화면 미리 보기

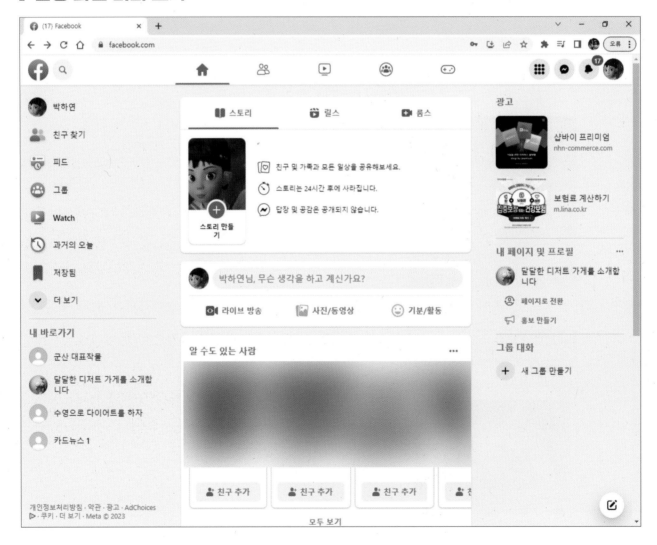

▎여기서 배워요!

페이스북 개설하기, 페이스북 홈 화면 알기

01 PC에서 네이버 사이트에 접속한 후 검색란에 '페이스북'을 입력하고 Enter 를 누릅니다. 링크 목록에서 [페이스북]을 클릭합니다.

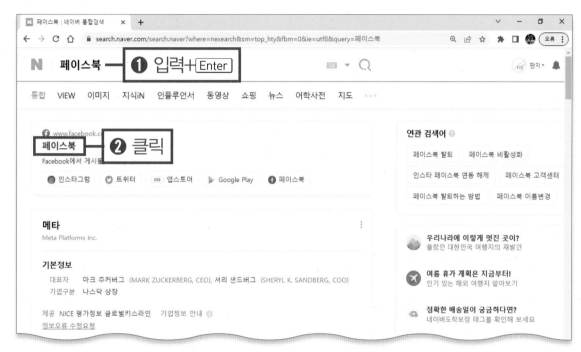

02 페이스북 메인 화면에서 [새 계정 만들기]를 클릭합니다. '가입하기' 창이 나타나면 '성', '이름', '이메일 주소', '비밀번호', '생일', '성별'을 설정한 후 [가입하기]를 클릭합니다.

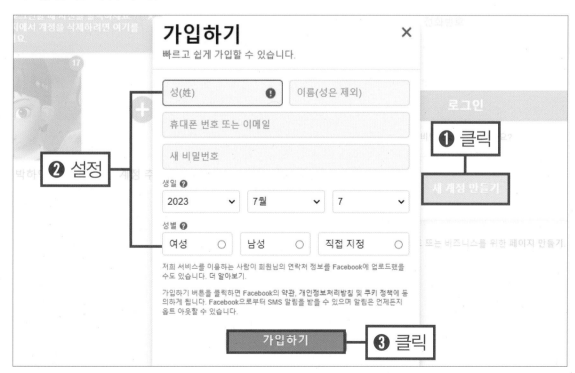

03 로그인 화면이 나오면 앞서 가입했던 '이메일'과 '비밀번호' 정보를 입력한 후 [로그인]을 클릭합니다.

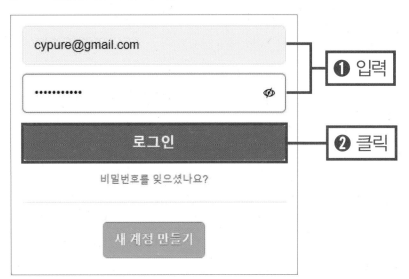

조금 더 배우기

회원가입을 할 때 화면 아래 왼쪽에 [건너뛰기]가 보이면 현재 입력해야 할 정보는 필수사항이 아니니 [건너뛰기]를 누르고 다음에 입력해도 됩니다.

04 페이스북의 초기 화면이 나타납니다.

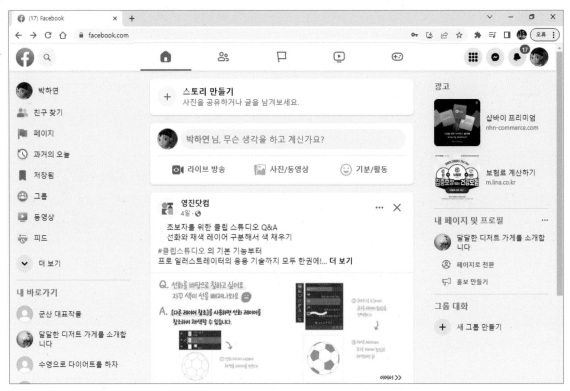

페이스북 홈 화면과 사용 용어 알아보기

01 홈 화면의 왼쪽 사이드 바에는 '프로필', '친구 찾기' 등이 있으며 홈 화면 위에는 '홈', '친구', '동영상', '그룹', '게이밍' 메뉴가 있습니다. 오른쪽 화면에는 '메뉴', '메신저', '알림'과 '계정'이 있습니다.

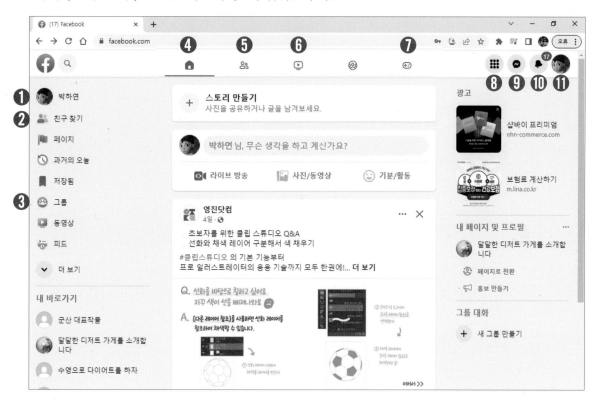

• 왼쪽 사이드바 •

① **프로필** : 클릭하면 커버 사진을 추가하고 프로필 사진 등을 꾸밀 수 있습니다.

② **친구 찾기** : 알 수도 있는 사람을 추천받고 다른 친구에게 친구 요청을 할 수 있습니다.

③ **그룹** : 같은 목적을 가진 사람들끼리 그룹 활동을 할 수 있습니다.

• 화면 위의 메뉴 •

④ **홈** : 타임라인이라고도 하며, 자신 및 친구들의 글을 모아서 보여주는 공간입니다.

⑤ **친구** : 알 수도 있는 사람, 친구 요청, 모든 친구의 리스트를 볼 수 있습니다.

⑥ **동영상** : 페이스북이 개발하고 운영하는 동영상 플랫폼입니다.

⑦ **게이밍** : 온라인 게임을 즐길 수 있습니다.

⑧ **메뉴** : 페이스북 메뉴의 개념과 기능을 알 수 있습니다.

⑨ **메신저(Messenger)** : 텍스트와 음성 통신을 제공하는 자유 인스턴트 메신저 서비스입니다.

⑩ **알림** : 내가 올린 게시물의 댓글, 추천 친구 등의 소식을 표시합니다.

⑪ **계정** : 내 프로필을 볼 수 있습니다.

02 페이스북에서 사용하는 용어는 아래와 같습니다.

① **공감** : '좋아요, 최고예요' 등의 감정 표현을 할 수 있습니다.

② **배사** : 배경 사진의 줄임말입니다.

③ **스토리** : 24시간 동안만 보이는 게시물로, 일반 게시물과는 분리되어 보입니다.

④ **프사** : 프로필 사진의 줄임말입니다.

⑤ **타임라인(탐라)** : 자신 및 친구들의 글을 모아서 보여주는 부분입니다.

⑥ **친삭** : 친구 삭제의 줄임말입니다.

⑦ **유령 정리** : 페북 친구 중에서 활동이 없는 친구들을 삭제하는 것입니다.

⑧ **페메** : 페이스북 메신저의 줄임말입니다.

09

페이스북 꾸미기

페이스북에서는 커버 이미지와 프로필 이미지, 게시물을 보기 좋게 꾸며서 업로드할 수 있습니다. 내 프로필 사진을 등록하고, Canva 사이트에서 나만의 개성이 담긴 페이스북 커버 사진을 만들어 적용해 보도록 하겠습니다.

▌완성 화면 미리 보기

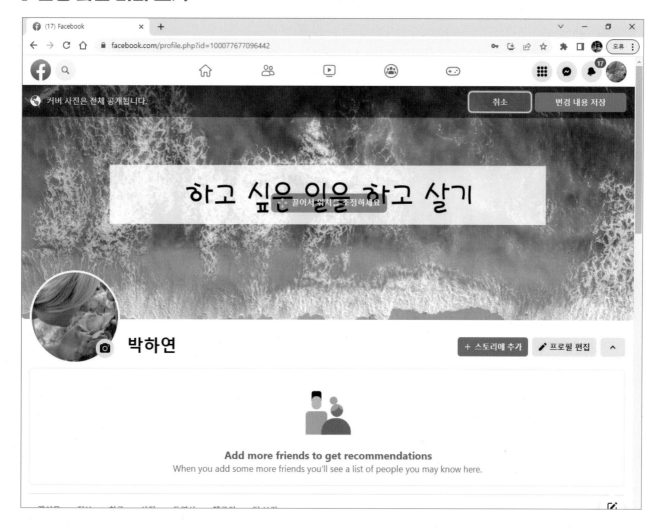

▌여기서 배워요!

페이스북 프로필 사진 등록하기, Canva로 페이스북 커버 사진 만들기, 페이스북 환경 설정하기

페이스북 프로필 사진 등록하기

01 페이스북 메인 화면에서 왼쪽 사이드 바에 있는 자신의 프로필 이름을 클릭합니다. 프로필 사진 등록에 있는 [카메라](📷) 아이콘을 클릭합니다.

02 [+사진 업로드]를 클릭합니다. '열기' 창이 나타나면 [예제파일] 폴더에서 [페북 프로필 사진.jpg]를 선택한 후 [열기]를 클릭합니다.

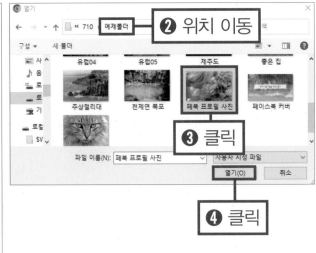

03 설명을 간단하게 입력합니다. 사진 중앙을 드래그하여 사진의 위치를 조정합
니다. [사진 자르기]를 클릭하여 필요 없는 부분을 삭제합니다. [저장]을 클릭
합니다.

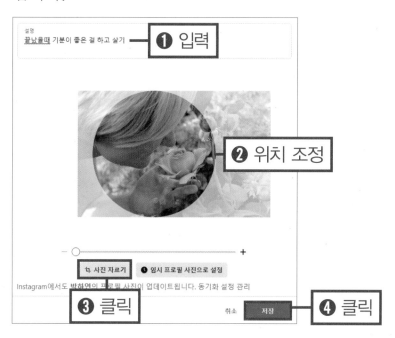

🖋 **조금 더 배우기**

[사진 자르기]를 클릭하면 프로필 영역에 필요 없는 부분을 삭제할 수 있습니다.

04 업데이트된 프로필 사진을 확인합니다.

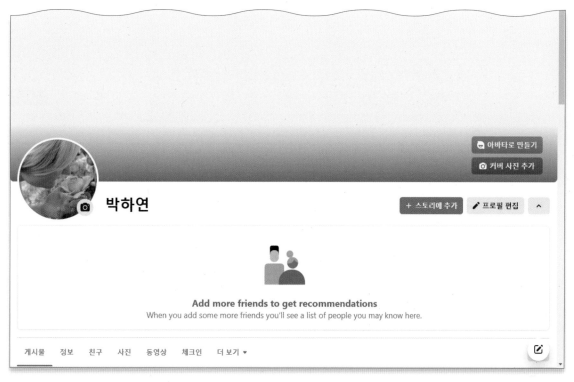

Canva로 페이스북 커버 사진 만들기

01 네이버 사이트에 접속한 후 검색란에 [캔바]를 입력하고 Enter를 누릅니다. 사이트 목록에서 [모두가 사용할 수 있는 Canva 비주얼 스위트]를 클릭합니다.

02 앞선 '3강'에서 가입한 Canva 아이디와 비밀번호를 입력한 후 로그인하면 Canva 홈 화면이 나옵니다. 검색란에 'facebook 커버'를 입력한 후 자동 검색 목록에서 [페이스북 커버]를 클릭합니다.

03 다양한 템플릿 목록에서 원하는 템플릿을 선택합니다. 이후 템플릿 화면이 나타나면 [이 템플릿 맞춤 편집하기]를 클릭합니다.

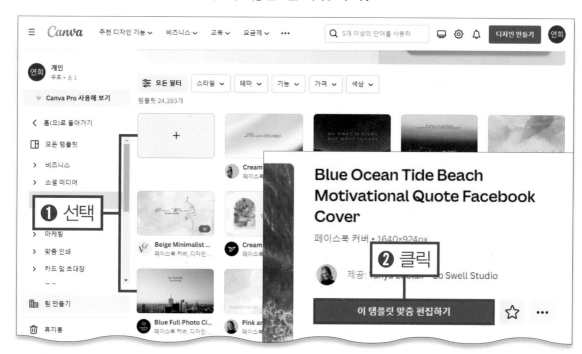

04 왼쪽 메뉴 목록에서 [텍스트]를 클릭합니다. 제목을 더블 클릭한 후 내용을 작성하고 다양한 텍스트 수정 메뉴를 사용하여 원하는 대로 설정합니다.

🖉 **조금 더 배우기**

다양한 템플릿 중에서 왕관 아이콘이 있는 템플릿은 유료이니, 비용을 지불하지 않는 무료 템플릿을 사용합니다.

05 편집이 끝나면 오른쪽 위의 [공유]를 클릭한 후 [다운로드]를 클릭합니다.

06 파일 형식은 [JPG]를 선택하고 크기와 품질은 기본값으로 적용한 후 [다운로드]를 클릭합니다.

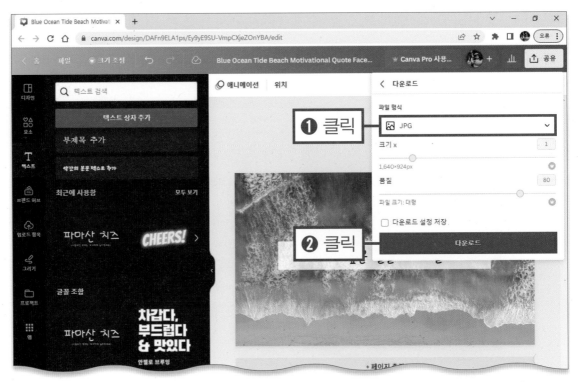

07 Canva에서 저장한 커버 사진을 페이스북에 적용하기 위해 페이스북 프로필 편집 화면에서 화면 오른쪽의 [커버 사진 추가]-[사진 업로드]를 차례대로 클릭합니다.

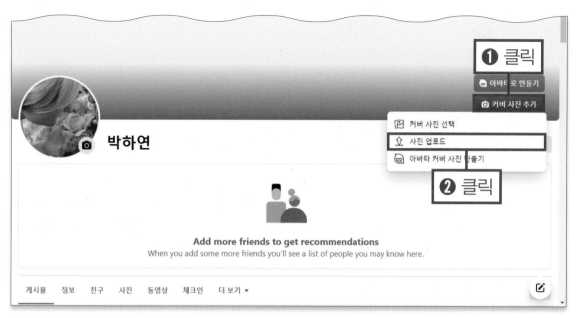

08 '열기' 창이 나타나면 앞서 만든 커버 사진을 저장한 위치나 [예제파일] 폴더에서 [페이스북 커버.jpg]를 선택한 후 [열기]를 클릭합니다.

09 커버 사진이 적용됩니다. 커버 사진을 끌어서 보기 좋게 위치 조절합니다. [변경 내용 저장]을 클릭하여 커버 사진을 마무리합니다.

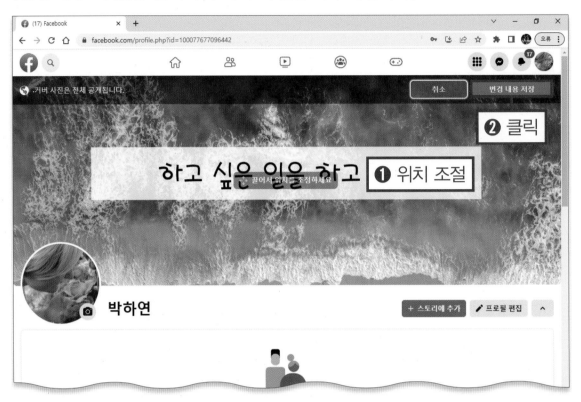

STEP 03 페이스북 환경 설정하기

01 홈 화면에서 [계정]을 클릭한 후 [설정 및 개인정보]-[설정](⚙)을 차례대로 클릭합니다.

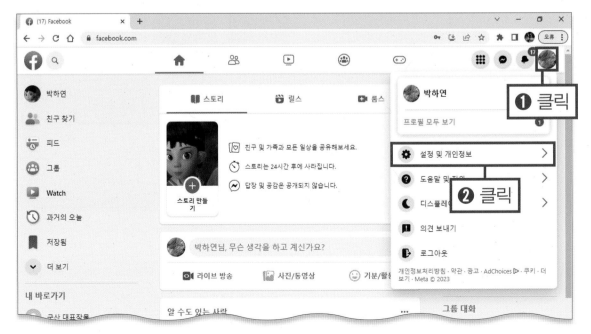

02 왼쪽 메뉴의 '공개 대상 및 공개 범위'에서 [게시물]을 클릭합니다. '내 향후 게시물을 볼 수 있는 사람은?'에서 [전체 공개]를 클릭합니다. '공개 대상 선택' 창이 뜨면 내가 올린 게시물을 '전체 공개', '친구만', '제외할 친구', '나만 보기'할 것인지 선택한 후 [완료]를 클릭합니다.

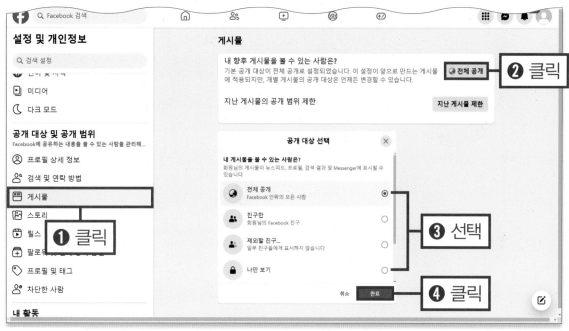

🍦 조금 더 배우기

정보 공개 대부분을 전체 공개로 해 놓으면 더 많은 친구를 만날 수 있습니다.

03 [프로필 및 태그] 메뉴를 클릭합니다. 내 프로필에 게시물을 올릴 수 있는 사람, 프로필에서 내가 태그된 게시물을 볼 수 있는 사람을 설정합니다.

혼자서도 만들 수 있어요!

1 페이스북 프로필 사진을 변경해 보세요.

hint 페이스북 [프로필]을 클릭한 후 [카메라]를 클릭 → [+사진 업로드]를 클릭한 후 원하는 프로필 이미지 선택 → 사진 위치 조절 후 [저장]을 클릭

2 페이스북의 커버를 새로운 사진으로 변경해 보세요.

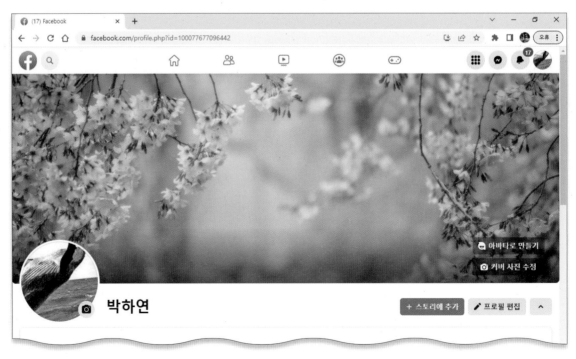

hint '프로필 편집' 화면에서 [커버 사진 추가]–[사진 업로드]를 클릭 → 사진 선택한 후 위치 조정

10

페이스북에
콘텐츠 올리기

POINT

페이스북에서는 내가 전하고 싶은 글, 사진, 동영상을 올릴 수 있고 등록한 콘텐츠에 관심이 있는 사람은 좋아요, 댓글 등을 표현할 수 있습니다. 여기서는 페이스북에서 글쓰기, 사진 올리기, 게시물 수정 및 삭제를 배워 보도록 하겠습니다.

▌완성 화면 미리 보기

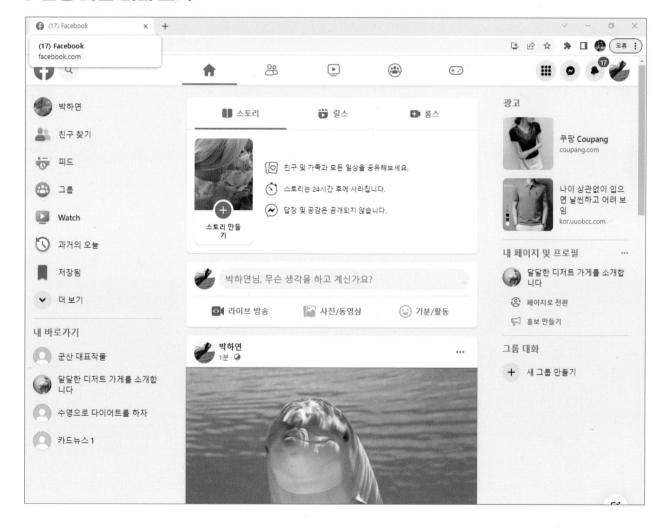

▌여기서 배워요!

페이스북에서 글쓰기, 게시물 수정하기, 페이스북에서 사진 올리기

01 홈 화면에서 '~님, 무슨 생각을 하고 계신가요?'를 클릭합니다. [전체 공개]를 클릭합니다.

02 '게시물 공개 대상' 창이 열리면 [전체 공개]를 선택하고 [완료]를 클릭합니다.

03 '게시물 만들기' 창이 나타나면 내용을 입력한 후 [배경색](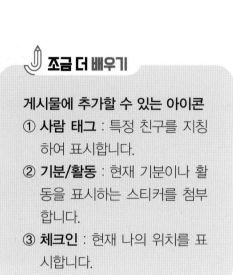)을 클릭합니다. 원하는 색상을 선택하고 [게시]를 클릭합니다.

> 🔖 **조금 더 배우기**
>
> **게시물에 추가할 수 있는 아이콘**
> ① **사람 태그** : 특정 친구를 지칭하여 표시합니다.
> ② **기분/활동** : 현재 기분이나 활동을 표시하는 스티커를 첨부합니다.
> ③ **체크인** : 현재 나의 위치를 표시합니다.

04 홈 화면에 게시글이 올라옵니다. 내 게시글 아래로 '좋아요', '댓글 달기', '공유하기' 기능을 선택할 수 있습니다.

> 🔖 **조금 더 배우기**
>
> ① **좋아요** : 내 게시물에 대한 추천을 표시합니다.
> ② **댓글 달기** : 내 게시물에 대한 의견을 제시합니다.
> ③ **공유하기** : 내 게시물을 피드, 메신저, 페이지 등에 공유합니다.

게시물 수정 및 삭제하기

01 내가 올린 게시물에서 [보조메뉴](⋯)를 클릭합니다. [게시물 수정]을 클릭합니다.

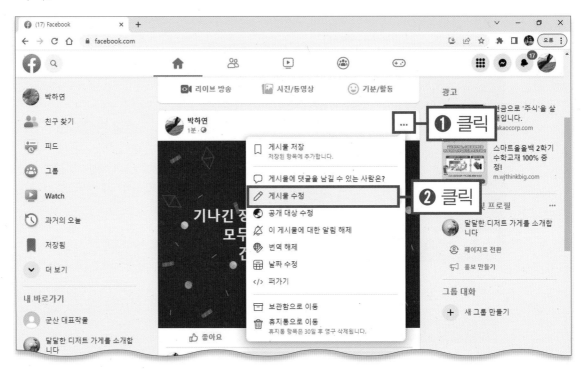

02 '게시물 수정' 창이 열리면 내용 및 배경 등을 원하는 대로 수정합니다. [저장]을 클릭합니다.

03 이번에는 게시물을 삭제하기 위해 [보조메뉴](···)를 클릭한 후 [휴지통으로 이동]을 클릭합니다.

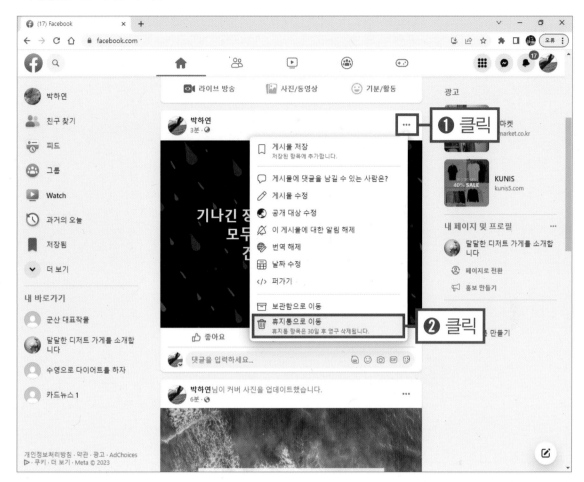

04 '휴지통으로 이동하시겠어요?' 창이 열리면 [이동]을 클릭합니다. 30일 후 자동으로 삭제됩니다.

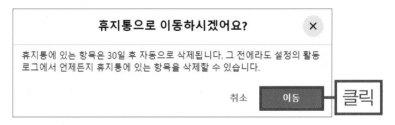

🖊 **조금 더 배우기**

게시물이 휴지통으로 이동한 시점부터 30일까지 게시물을 복원할 수 있습니다.

페이스북에 사진 올리기

01 '~님, 무슨 생각을 하고 계신가요?' 아래의 [사진/동영상]을 클릭합니다. '게시물 만들기' 창이 열리면 화면 중앙의 [사진/동영상]을 클릭합니다.

02 '열기' 대화상자가 나타나면 [예제파일] 폴더에서 [고래.jpg]를 선택하고 [열기]를 클릭합니다.

03 '게시물 만들기' 창에서 [게시]를 클릭합니다.

04 게시물이 업로드된 것을 확인할 수 있습니다.

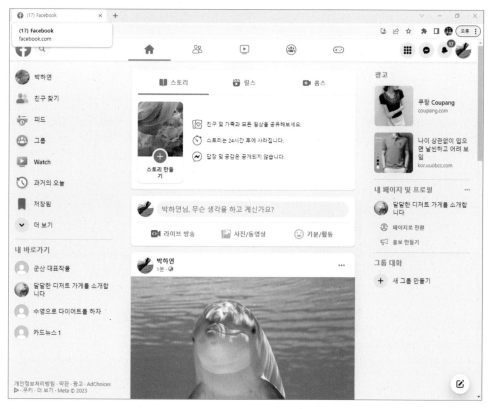

페이스북 커뮤니케이션

POINT

스토리란 24시간 동안 게시물을 공개 상태로 업로드하는 것입니다. 라이브 방송은 생방송 스트리밍 서비스로 게시물과 마찬가지로 다양한 실시간 소통을 할 수 있는 기능입니다. 여기서는 페이스북의 스토리와 라이브 방송 기능을 알아보도록 하겠습니다.

▌완성 화면 미리 보기

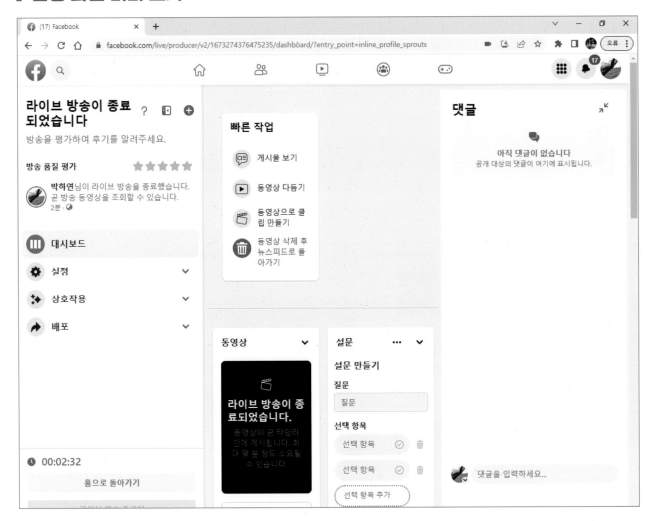

▌여기서 배워요!

텍스트 스토리 만들기, 사진 스토리, 라이브 방송하기

텍스트 스토리 만들기

01 페이스북에서 내 일상을 친구들과 공유하는 방법 중 스토리 만들기가 있습니다. 페이스북 홈 화면에서 [스토리 만들기]를 클릭합니다.

02 [텍스트 스토리 만들기]를 클릭합니다. 스토리는 나의 일상을 짧은 문구로 24시간 동안만 공유할 수 있습니다.

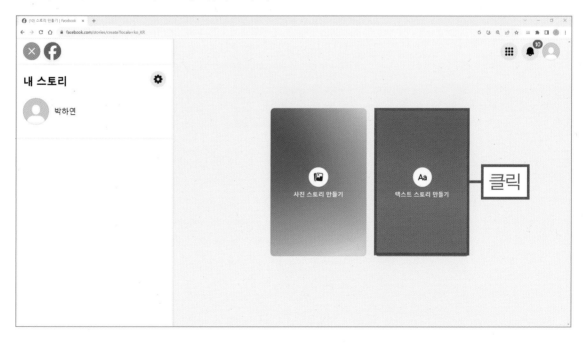

03 화면 왼쪽의 텍스트 입력 창에 '내용'을 입력한 후 아래의 [Aa 단순] 목록 단추를 눌러서 글자의 스타일을 선택합니다. '배경' 목록에서 원하는 배경색을 선택한 후 [스토리에 공유]를 클릭합니다.

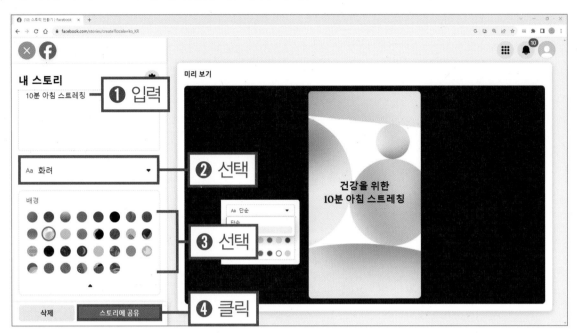

04 텍스트 스토리가 페이스북 피드에 올라옵니다.

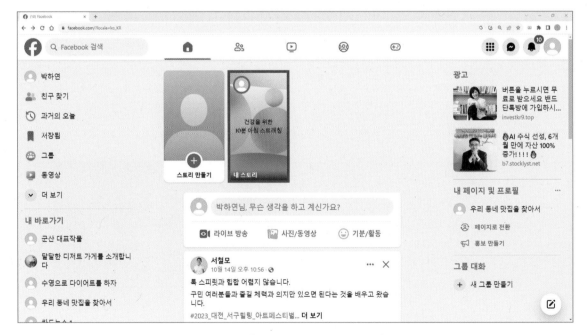

사진 스토리 만들기

01 페이스북 홈 화면에서 [스토리 만들기]를 클릭합니다.

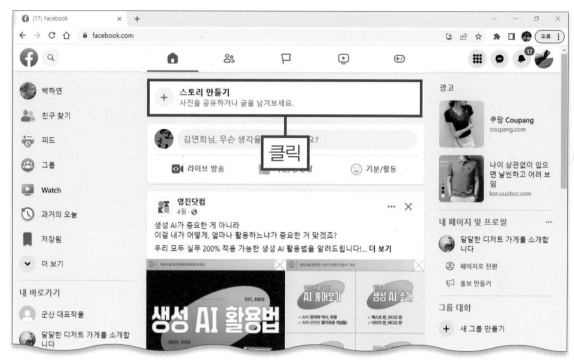

02 이번에는 '내 스토리' 화면에서 [사진 스토리 만들기]를 클릭합니다.

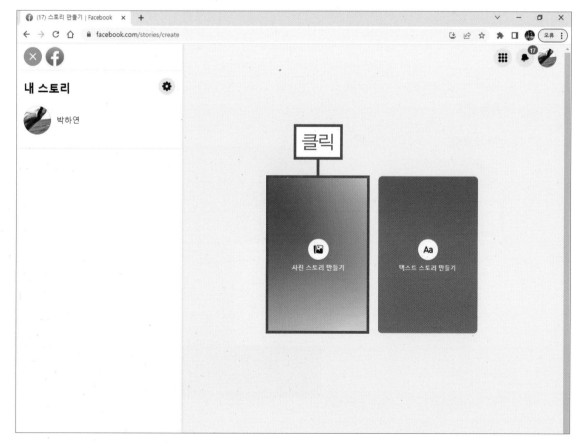

03 '열기' 대화상자가 나타나면 [예제파일] 폴더에서 [유럽01.jpg]를 선택하고 [열기]를 클릭합니다.

04 [텍스트 추가]를 클릭합니다. 글자 스타일 및 색상표가 열립니다. [Aa 단순]을 클릭한 후 [깔끔]을 선택합니다. 사진 위의 '입력하세요'에 '1DAY 그리스 산토리니'를 입력합니다.

05 이후 사진 옆의 빈 공간을 클릭하고 [글상자]를 드래그하여 원하는 위치로 이동시킵니다. [스토리에 공유]를 클릭합니다.

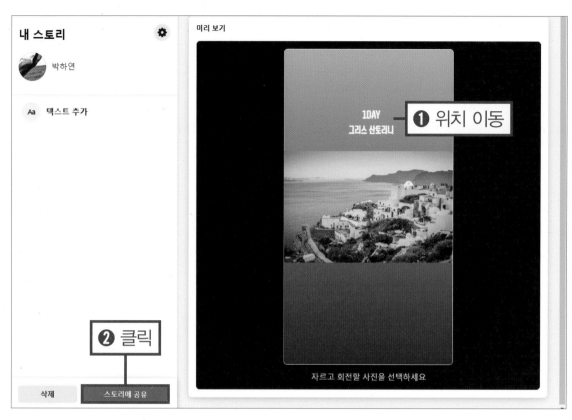

06 사진 스토리가 업로드됩니다.

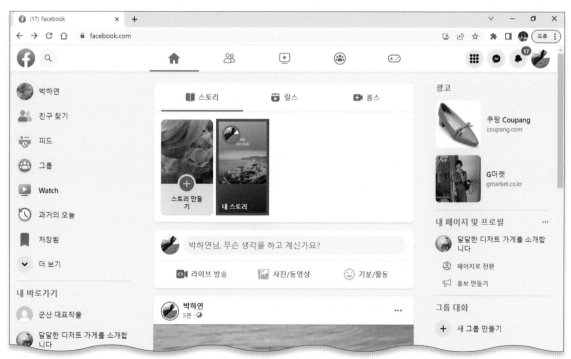

페이스북 라이브 방송 사용하기

01 쇼핑몰을 운영 중인 사람은 라이브 커머스를 많이 이용하고 있습니다. 페이스북 라이브 방송은 휴대폰 또는 컴퓨터를 이용하여 장소와 시간에 구애 없이 라이브 방송을 할 수 있습니다. 홈 화면에서 [라이브 방송]을 클릭합니다.

02 '라이브 방송 만들기' 화면이 보입니다. [방송하기]를 클릭합니다.

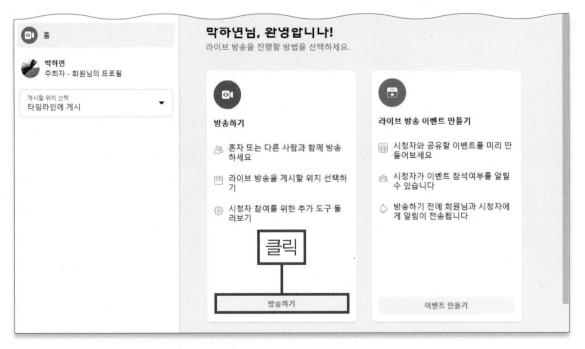

🔎 **조금 더 배우기**

라이브 방송 이벤트를 사용하려면 사전에 이벤트를 만들어서 게시해야 합니다.

03 동영상의 소스를 선택하고 카메라 관리 항목에서 카메라, 마이크가 정상적으로 작동하는지 확인한 후 왼쪽 아래의 [방송하기]를 클릭합니다.

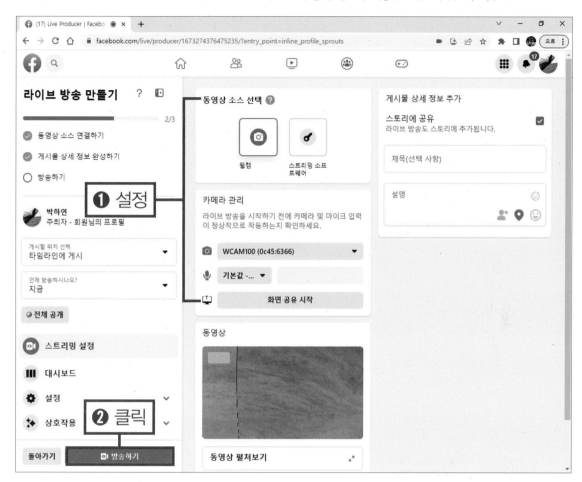

04 '제목 추가' 메시지 창이 나타나면 제목을 생략하고 [방송하기]를 클릭합니다.

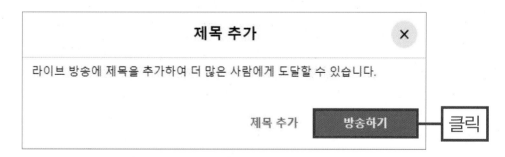

05 카운트다운과 함께 라이브 방송이 시작됩니다. 사용자는 목적에 맞는 내용을 설명하면서 영상을 친구들에게 보여줄 수 있습니다. 오른쪽 [댓글]에는 현재 이 방송을 보는 사람들이 실시간으로 댓글을 달고 사용자는 댓글에 댓글을 입력하여 소통할 수 있습니다. 페이스북 라이브 방송은 주로 홍보 및 판매에 주로 사용됩니다. 방송을 종료하기 위해 왼쪽 아래의 [라이브 방송 종료]를 클릭합니다.

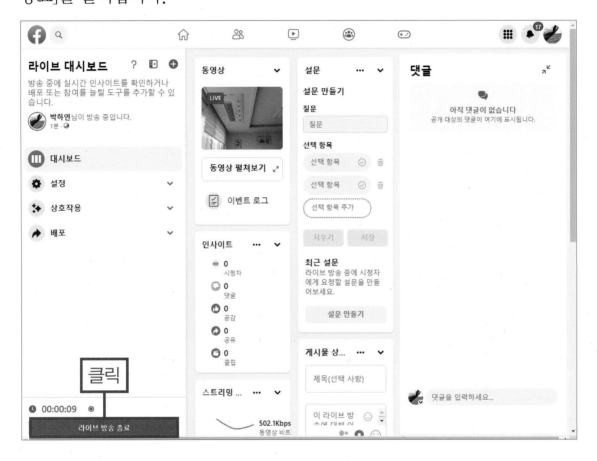

06 '라이브 방송을 종료하시겠어요?' 메시지 창이 나타나면 [종료]를 클릭합니다.

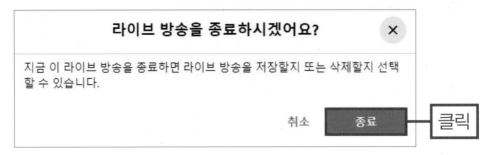

07 화면 왼쪽 위의 [페이스북]( ) 로고를 클릭하여 홈 화면으로 이동합니다.

혼자서도 만들 수 있어요!

1 페이스북에 '고양이.jpg' 사진을 올리고 '우리집 냥이, 출근할 때마다 저렇게 쳐다 보네요. 함께 출근할 수도 없고...'를 입력하여 업로드해 보세요.

hint [~님, 무슨 생각을 하고 계신가요?]를 클릭 → 내용 입력한 후 [사진/동영상] 클릭 → 사진 추가한 후 [게시] 클릭

2 '제주도.jpg' 이미지를 이용하여 페이스북 스토리를 올려 보세요. 내용은 임의로 작성합니다.

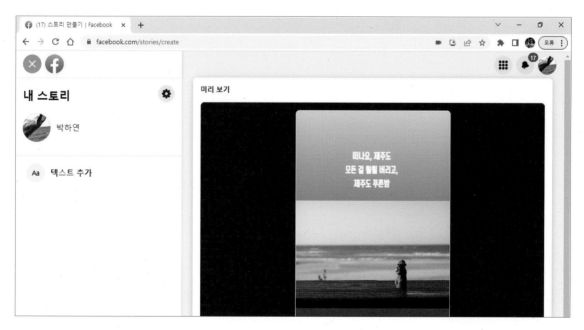

hint 페이스북 홈에서 [스토리 만들기] 클릭 → [사진 스토리 만들기] 클릭한 후 사진 선택 → [텍스트 추가] 클릭한 후 내용 작성 → [스토리에 공유] 클릭

페이스북 친구 기능

POINT

페이스북은 친구 찾기, 추천하는 친구들, 친구 추가 등 다양한 친구 관련 기능을 지원합니다.
또한 내 친구에서 실시간 채팅과 동일한 기능의 메신저도 보낼 수 있습니다.

▌ 완성 화면 미리 보기

▌ 여기서 배워요!

내 정보 입력하기, 친구 찾기, 친구에게 메신저 보내기

친구 추가를 위한 내 정보 입력하기

01 페이스북 홈 화면에서 왼쪽 목록에 있는 자신의 프로필 이름을 클릭합니다.

02 [정보]를 클릭합니다. 본인과 관련된 경력 및 학력부터 자세한 내 소개까지 입력합니다. 이렇게 입력한 정보를 이용하여 친구를 찾아줍니다. 각각의 정보를 입력한 후 화면 오른쪽 아래의 [저장]을 클릭합니다. 화면 왼쪽 위의 페이스북 로고를 클릭하여 홈 화면으로 이동합니다.

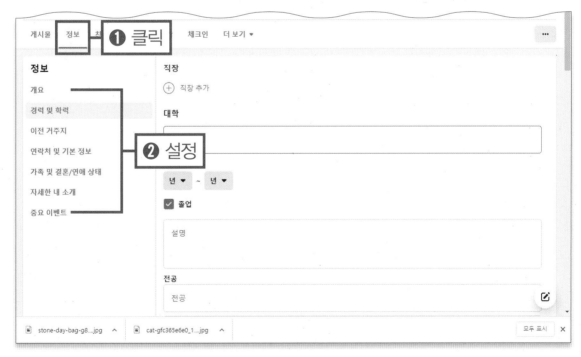

🎙️ **조금 더 배우기**

더 많은 학교 정보를 입력한다면 더 많은 친구 목록을 볼 수 있습니다.

01 페이스북 홈 화면의 왼쪽 목록에서 [친구 찾기]를 클릭합니다.

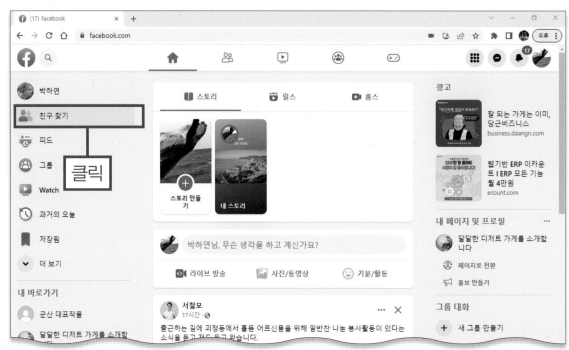

02 '친구' 화면에서 친구를 찾는 다양한 방법이 나타납니다. '알 수도 있는 사람'
은 페이스북이 사용자의 정보를 참고하여 자동으로 추천하는 친구들입니다.
'알 수도 있는 사람' 중 친구 맺기를 원하는 사람은 사진 아래 [친구 추가]를
클릭합니다. 왼쪽 메뉴 중 '친구 요청'은 내가 요청한 친구 또는 친구가 요청
한 친구 리스트를 볼 수 있습니다.

03 특정 친구를 검색하려면 왼쪽 위의 [검색](🔍)을 클릭합니다. 검색하고자 하는 친구의 이름 또는 페이스북 계정을 입력한 후 Enter를 누르면 친구 리스트가 나타납니다. 결과 중 프로필 사진이나 이름을 클릭하면 자세한 정보를 볼수 있습니다. 원하는 친구의 [친구 추가]를 클릭합니다.

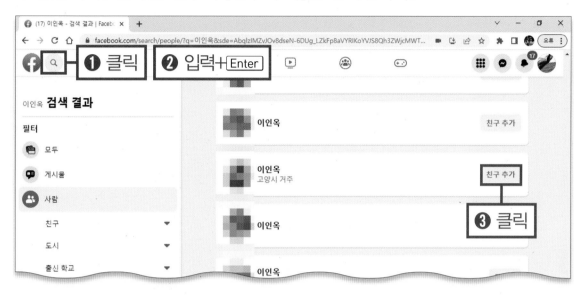

STEP 03   **친구에게 메시지 보내기**

01 홈 화면 오른쪽에서 [Messenger](💬)를 클릭합니다. 채팅 창에서 내가 보낸 메시지를 검색할 수 있습니다. 친구에게 메시지를 보내기 위해 채팅 창 오른쪽의 [새 메시지](✏️)를 클릭합니다.

02 '새 메시지' 창이 열리면 '받는 사람:'에 친구의 페이스북 계정을 입력합니다. 친구를 선택합니다.

📎 **조금 더 배우기**

몇 글자만 입력해도 친구 페이스북 명이 자동 입력됩니다.

03 메시지 내용을 입력한 후 [보내기](▷)를 클릭하면 채팅을 하듯 메시지가 전송됩니다.

📎 **조금 더 배우기**

메시지를 받을 친구가 페이스북에 접속해 있다면 실시간 대화가 가능하지만, 페이스북에 접속하지 않았다면 나중에 메시지를 확인할 수 있습니다.

CHAPTER 13 페이스북 그룹 만들기

POINT

페이스북에는 커뮤니티 활동을 할 수 있는 '그룹 만들기'가 있습니다. 그룹 만들기 기능을 이용하면 동호인끼리 글이나 사진을 올리고 대화를 하는 활동을 할 수 있습니다. 여기서는 그룹 만들기 기능을 배워 봅니다.

▌완성 화면 미리 보기

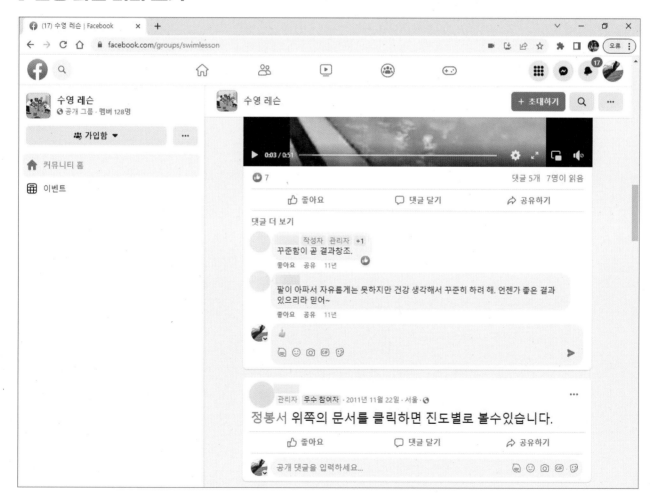

▌여기서 배워요!

페이스북에서 그룹 만들기, 다른 그룹에 가입하기

페이스북 그룹 만들기

01 페이스북에 접속하여 로그인합니다. 페이스북 왼쪽 메뉴에서 [그룹]을 클릭한 후 [새 그룹 만들기]를 클릭합니다.

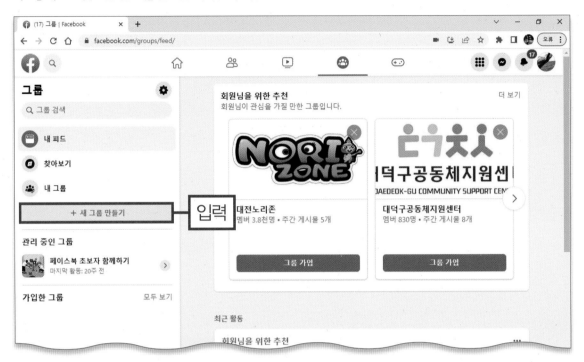

02 '그룹 이름'을 입력합니다. [공개 범위 선택]을 클릭하여 공개 범위를 [공개] 로 선택합니다. [만들기]를 클릭합니다.

03 [초대하기]-[Facebook 친구 초대]를 차례대로 클릭합니다.

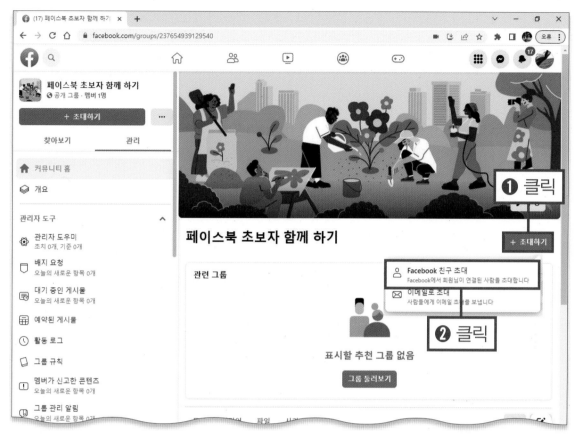

04 '이 그룹에 친구 초대' 메시지 창이 나타나면 초대할 친구를 클릭하여 체크 표시한 후 [초대 보내기]를 클릭합니다.

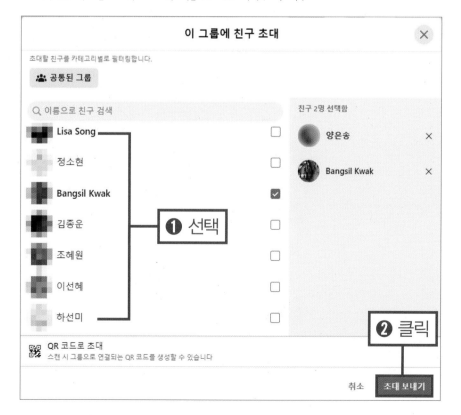

다른 사람의 그룹 가입하기

01 홈 화면 왼쪽 메뉴에서 [그룹]을 클릭합니다. '그룹' 검색란에 관심 있는 주제를 입력하고 Enter를 누릅니다. 다양한 그룹이 추천됩니다. 가입하고 싶은 그룹명 오른쪽의 [가입]을 클릭합니다.

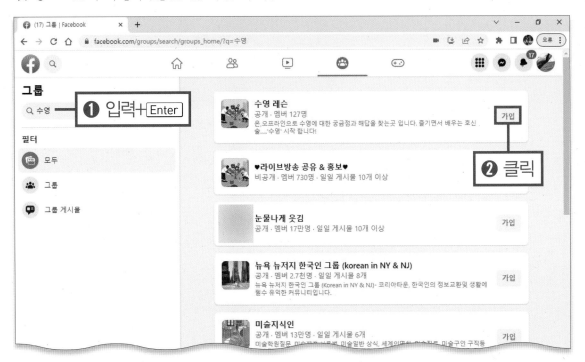

02 '방문하기'로 버튼명이 변경됩니다. [방문하기]를 클릭하여 그룹 활동을 합니다.

그룹 활동하기

01 [방문하기]를 클릭하여 가입한 그룹으로 접속하면 그룹원이 올린 콘텐츠를 볼 수 있습니다.

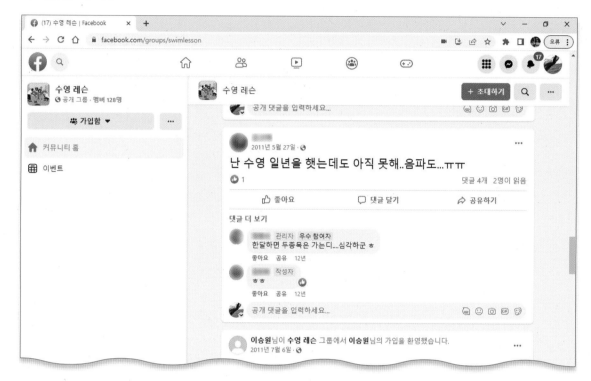

02 댓글을 입력하기 위해 [공개 댓글을 입력하세요...]를 클릭하여 내용을 작성한 후 Enter 를 누릅니다.

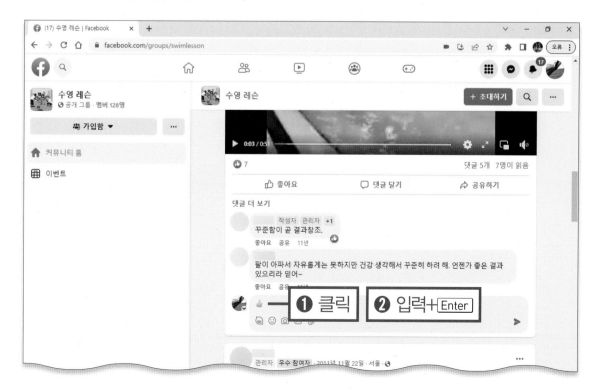

03 가입한 그룹을 나오려면 왼쪽 메뉴에서 [가입함]을 클릭한 후 [그룹 나가기]를 클릭합니다.

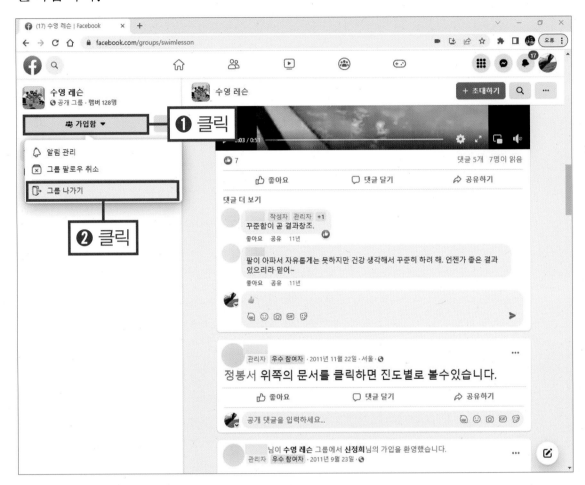

04 '그룹을 나가시겠어요?' 창이 열리면 [그룹 나가기]를 클릭하여 그룹을 탈퇴합니다.

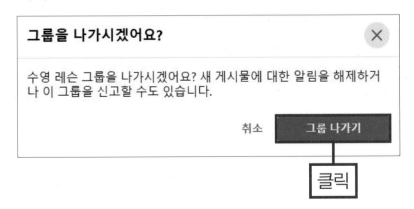

혼자서도 만들 수 있어요!

1 페이스북에서 '박하연'을 검색해 보세요.

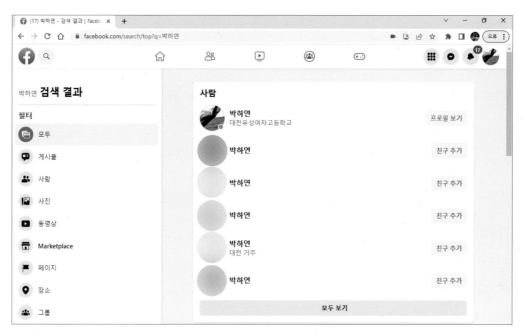

hint 'Facebook 검색'란에 '박하연' 입력한 후 Enter

2 페이스북 그룹 중 '영어회화 배워보자'를 검색하여 영어회화 그룹에 가입해 보세요.

hint 홈 화면에서 [그룹] 클릭 → '그룹 검색'에 '영어회화 배워보자'를 입력한 후 Enter → 그룹 목록에서 '영어회화 배워보자'의 [가입] 버튼 클릭

CHAPTER 14 페이스북 페이지

POINT

개인 사업을 하는 사람들이 많아지면서 온라인 마케팅에 대한 관심도가 높아졌습니다. 이에 따라 홍보가 중요한 이슈가 되었습니다. 홍보를 하는 수단 중의 하나가 페이스북 페이지입니다. 여기서는 페이스북 페이지를 만들어 보겠습니다.

▌완성 화면 미리 보기

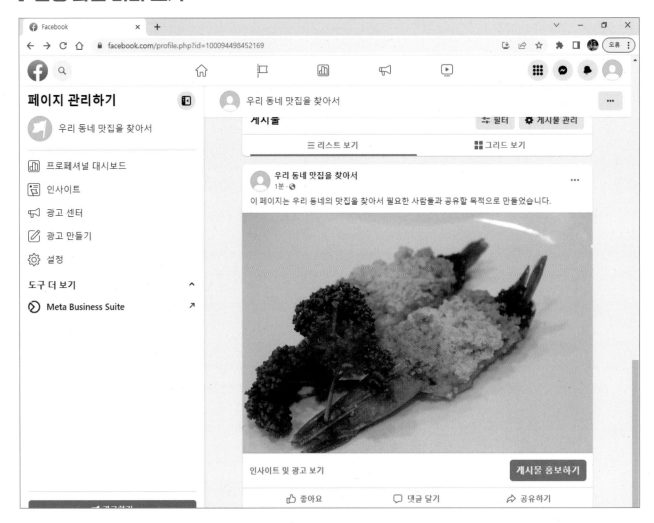

▌여기서 배워요!

페이스북 페이지 만들기, 페이지 관리하기, 페이지에 글쓰기

페이스북 페이지 만들기

01 페이스북에 접속하여 로그인합니다. 홈 화면의 왼쪽 메뉴에서 [페이지]를 클릭합니다.

✏ **조금 더 배우기**

• 현재 페이스북 페이지는 홍보용으로 자영업을 하는 분들이 많이 이용하고 있습니다.
• 페이지 목록이 보이지 않는다면 [더 보기]를 클릭합니다.

02 이전에 생성해 둔 페이지가 있다면 오른쪽 목록에 나타납니다. 페이지를 만들기 위해서 오른쪽의 [+ 새 페이지 만들기]를 클릭합니다.

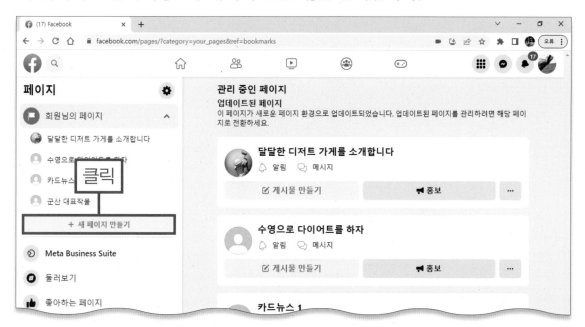

03 '페이지 만들기' 화면이 나타나면 '페이지 이름'과 '카테고리'를 입력합니다. '데스크톱 미리 보기'에서 입력한 내용을 확인하고 [페이지 만들기]를 클릭합니다.

04 '페이지 설정을 완료하세요' 화면이 나타나면 '연락처', '전화번호', '이메일', '위치' 등 작성 항목이 차례대로 나옵니다. 바로 입력하지 않아도 되니 [다음]을 클릭합니다.

05 '프로필 사진 추가', '커버 사진 추가' 버튼이 나타납니다. 바로 입력하지 않아도 되니 [다음]을 클릭합니다.

06 '페이지에 WhatsApp 연결' 화면이 나타나면 [건너뛰기]를 클릭합니다. '페이지 타겟 확보' 화면이 나타나면 [다음]을 클릭하여 넘어갑니다.

07 ‘페이지 상태 및 정보 확인’ 화면이 나타나면 [완료]를 클릭합니다.

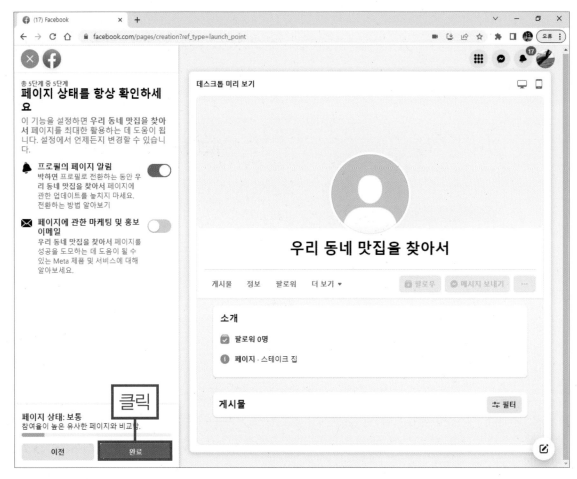

08 새로운 페이지가 생성되었다는 환영 팝업이 뜹니다. [둘러보기]를 눌러서 페이지 활용에 대한 가이드를 볼 수 있습니다. 여기서는 [나중에 하기]를 클릭합니다.

페이스북 페이지 관리하기

01 페이스북 페이지 메인 화면에서 [관리하기]를 클릭합니다.

02 [페이지 기본 정보 설정]을 클릭합니다.

03 페이지에서 사용하는 '프로필 사진 추가', '커버 사진 추가'를 할 수 있습니다. 오른쪽 [더 보기]를 클릭하면 '저장 후 나중에 완료' 또는 '건너뛰고 완료로 표시'를 선택할 수 있습니다. 왼쪽 메뉴 목록에서 [친구에게 팔로우 초대 보내기]를 클릭합니다.

04 '친구 초대' 창이 나타납니다. 원하는 친구를 검색하여 현재 생성한 페이지에 친구를 초대할 수 있습니다.

05 페이지 초기 화면으로 돌아온 후 오른쪽 메뉴에서 [수정] 버튼을 클릭합니다. 페이지에서 사용하는 '프로필 사진', '커버 사진', '아바타'를 만들 수 있습니다.

06 페이지 초기 화면에서 [홍보하기]를 클릭하면 광고 유형을 선택할 수 있습니다. [자동화된 광고 시작하기]를 클릭합니다.

🖐 **조금 더 배우기**

[홍보하기]는 자영업자들이 사용하는 유료 서비스이므로 사용법만 간단히 알아둡니다.

STEP 03 페이스북 페이지에 글과 사진 올리기

01 페이지 화면 가운데의 '무슨 생각을 하고 계신가요?'를 클릭합니다. 내용을 입력합니다.

조금 더 배우기

일반 페이스북에 콘텐츠를 올리는 방법과 동일합니다.

02 [사진/동영상 추가]를 클릭합니다.

03 '열기' 창이 나타나면 [예제파일] 폴더에서 [맛집.jpg]를 선택한 후 [열기]를 클릭합니다. [게시]를 클릭합니다.

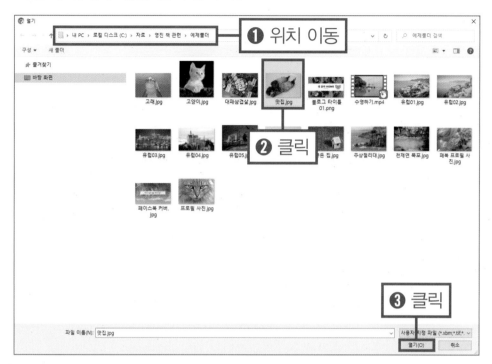

04 게시한 글과 사진을 확인합니다.

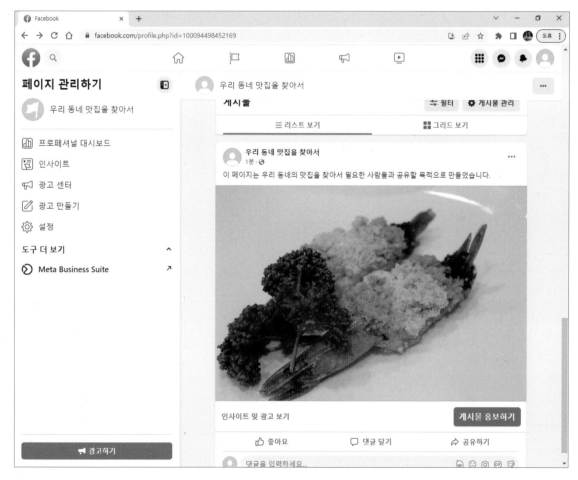

15

페이스북 모바일 앱

페이스북은 웹 페이지에서뿐만 아니라 모바일 앱에서도 사용할 수 있습니다. 앱으로도 PC에서 하던 모든 기능을 사용할 수 있으므로 컴퓨터를 부팅시키지 않아도 됩니다. 페이스북 앱을 설치하고 사용해 보겠습니다.

▌완성 화면 미리 보기

▌여기서 배워요!

모바일 페이스북 앱 설치하기, 페이스북 앱에서 글쓰기, 페이스북 앱에서 사진과 동영상 올리기

페이스북 앱 설치하기

01 Play 스토어 또는 앱 스토어에서 '페이스북'을 검색하여 [설치]합니다. 설치가 완료되면 [열기]를 터치합니다. PC에서 로그인했던 '이메일 주소'와 '비밀번 호'를 입력한 후 [로그인]합니다.

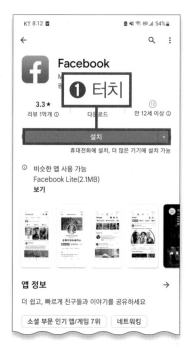 

02 다양한 정보 이용 동의를 확인하고 [동의함]을 터치합니다. '친구찾기'가 나 오면 오른쪽 위의 [건너뛰기]를 터치합니다. 페이스북 홈 화면이 나타납니다.

01 페이스북 홈 화면에서 [무슨 생각을 하고 계신가요?]를 터치합니다. 내용을 입력한 후 [다음]을 터치합니다.

02 '게시할 계정'에 페이스북 계정과 페이지들이 보입니다. [공유하기]를 터치합니다. 화면 하단에 '게시물이 공유되었습니다.' 메시지 창이 뜨며 게시된 내용을 확인할 수 있습니다.

페이스북 앱에서 사진 및 동영상 올리기

01 홈 화면에서 '무슨 생각을 하고 계신가요?'를 터치합니다. 화면 아래 목록에서 [사진/동영상]을 터치합니다. 스마트폰의 갤러리에 있는 사진의 목록에서 원하는 사진을 터치합니다.

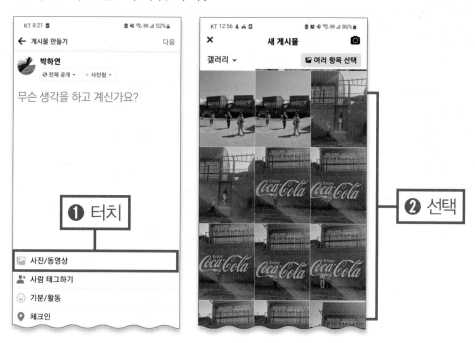

02 [다음]을 터치합니다. 사진이 업로드되면 [공유하기]를 터치하여 게시물을 완성합니다.

03 게시물을 삭제하기 위해 삭제할 게시물 오른쪽의 [더보기]([···])를 터치하고 [휴지통으로 이동]을 터치합니다. '휴지통으로 이동하시겠어요?' 메시지 창이 나타나면 [이동]을 터치합니다.

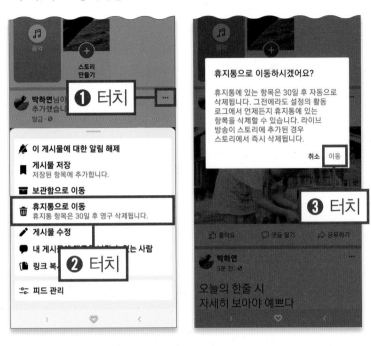

04 동영상을 게시해 봅니다. 홈 화면에서 '무슨 생각을 하고 계신가요?'를 터치합니다. 화면 아래에 [사진/동영상]을 터치하면 스마트폰의 갤러리에 있는 동영상 목록이 나타납니다. 원하는 동영상을 터치하면 동영상이 업로드됩니다. [다음]을 터치하여 [게시]합니다.

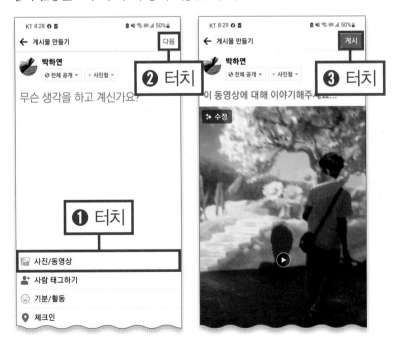

혼자서도 만들 수 있어요!

1 페이스북 앱에 '일단 시작하라, 나중에 완벽해지면 된다'라는 내용의 글을 올려 보세요.

 [무슨 생각을 하고 계신가요?]를 터치 → 내용을 입력한 후 배경 선택 → [공유하기] 터치

2 내 스마트폰 앨범에 있는 사진을 아래와 같은 레이아웃 형식으로 페이스북 앱에 올려 보세요.

 [무슨 생각을 하고 계신가요?]를 터치 → [사진/동영상]을 터치한 후 여러 항목 선택 → 여러 장의 사진을 선택하고 화면 아래에서 레이아웃을 선택 → [공유하기]를 터치

인스타그램의 시작

인스타그램은 인기 있는 SNS 중 하나로, 많은 사용자 수를 가지고 있습니다. 사진과 영상으로 사람들과 가볍게 소통하는 인스타그램을 설치하고 프로필을 설정해 보도록 하겠습니다.

▌완성 화면 미리 보기

▌여기서 배워요!

인스타그램 앱 설치하기, 회원 가입하기, 프로필 설정하기

인스타그램 앱 설치 및 회원 가입하기

01 Play 스토어 또는 앱 스토어에서 '인스타그램'을 검색하여 [설치]합니다. 인스타그램 운영회사와 페이스북 운영회사는 동일합니다. 설치가 완료되면 [열기]를 터치한 후 회원 가입을 하기 위해 [새 계정 만들기]를 터치합니다.

02 '이름', '비밀번호', '생년월일'을 각각 입력한 후 [다음]을 터치합니다.

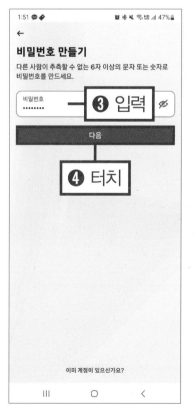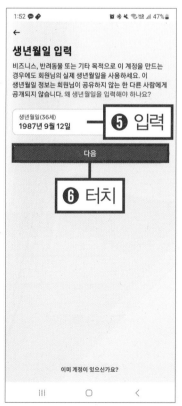

03 '사용자 이름'과 '휴대폰 번호'를 각각 입력한 후 [다음]을 터치합니다. 약관
동의 화면이 나오면 [모두 선택]한 후 [동의]를 터치합니다.

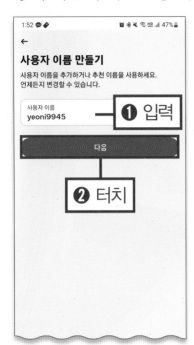 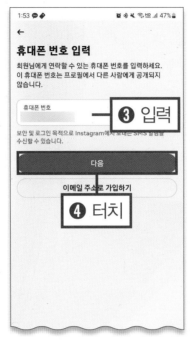 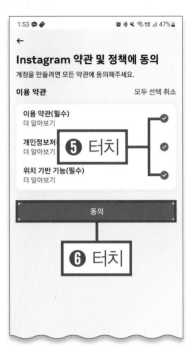

04 '프로필 사진 추가'나 'Facebook 추천 받기' 등 화면은 [건너뛰기]를 터치합니
다. 가입이 완료되며 인스타그램 초기 화면이 나타납니다.

조금 더 배우기

[건너뛰기] 메뉴가 나오는 화면은 나중에 추가, 변경이 가능합니다.

기본 화면 살펴보기

01 인스타그램의 기본 5가지 메뉴를 소개합니다. 인스타그램의 기본 메뉴는 화면 아래쪽에 있습니다.

① **[홈 화면]** : 친구들의 소식을 모아볼 수 있는 기능으로 인스타그램에 처음 접속하면 나타나는 기본 화면입니다.

② **[검색]** : 인스타그램 내에서 해시태그(#) 또는 위치태그, 사용자 ID, 또는 이름 등으로 검색할 수 있습니다.

③ **[새 게시물]** : 사진 및 동영상을 업로드할 수 있습니다.

④ **[릴스]** : 인스타그램에서의 숏 영상을 릴스라고 합니다. 나를 포함한 다른 사람이 게시한 숏 영상을 볼 수 있습니다.

⑤ **[프로필]** : 자신의 인스타그램 프로필을 확인할 수 있습니다.

프로필 설정하기

01 홈 화면에서 화면 오른쪽 아래의 [프로필](🥾)을 터치합니다. [프로필 편집]을
터치합니다.

✎ **조금 더 배우기**

내가 누구인지, 어떤 내용으로 인스타그램을 이용하고 있는지, 홈페이지나 블로그 혹은 유튜브 채널
이 있다면 해당 주소 등의 내용을 적을 수 있습니다.

02 [아바타 만들기]가 나오면 [나중에 하기]를 터치합니다. [프로필 사진]-[새로
운 프로필 사진]을 차례대로 터치합니다.

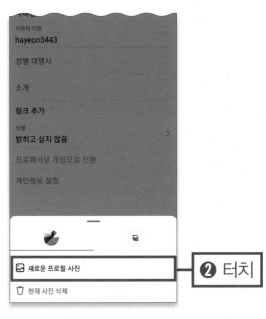

03 스마트폰의 앨범에서 원하는 사진을 선택한 후 [다음]을 터치합니다. 원하는 필터 효과를 선택한 후 [다음]을 터치합니다.

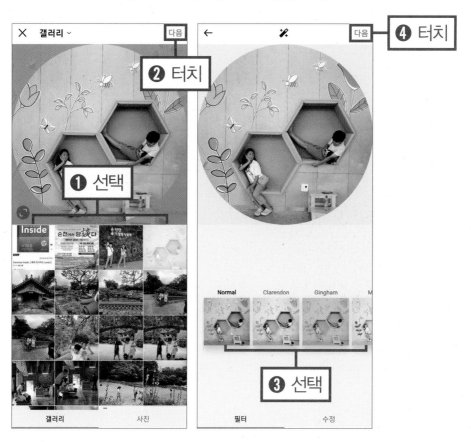

04 프로필 사진이 적용된 것을 확인할 수 있습니다.

🎵 **조금 더 배우기**

[프로필 공유]를 사용하면 친구들에게 내 인스타그램 아이디를 쉽게 공유할 수 있습니다.

인스타그램 기본 메뉴 사용하기

POINT

인스타그램의 기본 메뉴 중 검색과 릴스 기능을 알아보고, 친구와 메시지를 주고받는 방법에 대해서 배워봅니다.

▌완성 화면 미리 보기

▌여기서 배워요!

검색 메뉴 사용하기, 릴스 메뉴 사용하기, 메시지 보내기

검색 메뉴 사용하기

01 인스타그램 앱을 실행한 후 홈 화면 아래에서 [검색]([Q])을 터치합니다. 다양한 인스타그램 게시물을 검색할 수 있는 검색 창이 나옵니다. 검색란을 터치하고 '꽃다발'을 입력하면 꽃다발 관련 목록이 나타납니다. 상단의 [꽃다발]을 터치합니다.

02 [계정] 메뉴를 터치합니다. 인스타그램에서 활동하는 꽃다발 관련 계정이 나타납니다. 그중 원하는 계정을 터치하면 사용자의 게시물이 보입니다.

01 하단 메뉴에서 [릴스]( )를 터치합니다. 다양한 숏 영상이 보입니다. 손가락으로 화면을 위로 쓸어서 밀면 다음 릴스 영상이 나옵니다.

STEP 03 메시지 보내기

01 홈 화면에서 오른쪽 위의 [메시지]( )를 터치합니다. '메시지' 화면이 나타나면 [새 메시지]( )를 터치합니다.

02 '받는 사람'의 '검색'란을 터치하여 계정을 입력하거나 추천 항목에 뜬 친구 목록에서 원하는 친구를 선택한 후 [채팅 만들기]를 터치합니다. 화면 아래의 [메시지 보내기...]를 터치한 후 내용을 입력합니다. 친구에게 이미지를 보내고 싶다면 '메시지 보내기...' 오른쪽의 [갤러리]( ) 아이콘을 터치합니다.

03 스마트폰 앨범 사진 중 원하는 사진을 터치하여 선택한 후 [보내기]를 터치합니다.

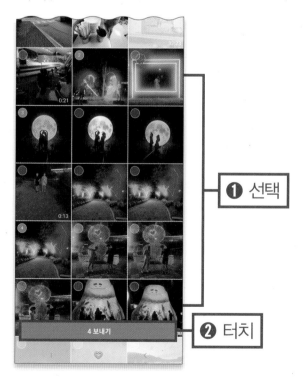

혼자서도 만들 수 있어요!

1 자신의 스마트폰 앨범에 있는 사진으로 프로필 사진을 지정해 보세요.

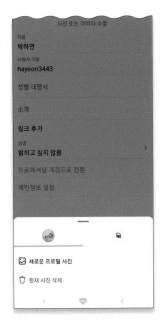

> **hint** [프로필]–[프로필 편집]을 터치 → [프로필 사진]–[새로운 프로필 사진]을 터치 → 앨범에서 원하는 사진을 터치한 후 필터 지정

2 '헤어스타일'과 관련하여 릴스를 검색한 후 시청해 보세요.

> **hint** [검색]을 터치한 후 '검색'란에 '헤어스타일' 입력 → [태그] 탭을 터치한 후 [#헤어스타일]을 터치 → [릴스]를 터치하여 시청

18 인스타그램에 콘텐츠 올리기

POINT

인스타그램에서 이미지는 주요 콘텐츠입니다. 인스타그램에서는 사진 한 장 또는 여러 장을 올릴 수 있고, 선택한 사진에 필터를 적용하여 보다 감성적인 사진을 올릴 수 있습니다. 여기 서는 사진을 편집하고 해시태그를 사용해서 콘텐츠를 업로드하는 방법을 배워 봅니다.

▍완성 화면 미리 보기

▍여기서 배워요!

사진 편집하여 인스타그램에 올리기, #(해시태그) 활용하기, 스토리 올리기

사진 편집하여 업로드하기

01 인스타그램 아래쪽 메뉴에서 [새 게시물](⊕)을 터치합니다. 스마트폰 앨범이 나타납니다. [여러 항목 선택]을 터치하면 여러 장의 사진을 함께 올릴 수 있고 [카메라] 아이콘을 터치하면 바로 사진을 찍어서 올릴 수 있습니다. 여기서는 앨범 중에서 원하는 사진을 한 장 터치하고 [다음]을 터치합니다.

02 손가락으로 오른쪽에서 왼쪽으로 드래그하여 필터의 종류를 확인한 후 원하는 필터를 적용합니다. [수정]을 터치하면 '조정', '밝기' 등을 수정할 수 있습니다. 설정이 완료되면 [다음]을 터치합니다.

🔖 **조금 더 배우기**

필터는 사진의 색감을 변경하는 기능이고 수정은 사진의 기울기, 밝기, 대비, 구조 등을 보정하는 기능입니다.

03 '사진 리믹스' 팝업이 보입니다. 사진 리믹스는 내 게시물을 보는 사람 누구나 내 사진이 포함된 릴스를 만들 수 있다는 뜻입니다. 설정하지 말고 [확인]을 터치합니다. 사진을 설명하는 설명글을 넣고 사람 또는 위치를 태그합니다. 여러 개의 SNS 계정을 가지고 있다면 원하는 SNS의 연동을 활성화하여 동일한 사진을 동시에 올리도록 합니다. [공유]를 터치합니다.

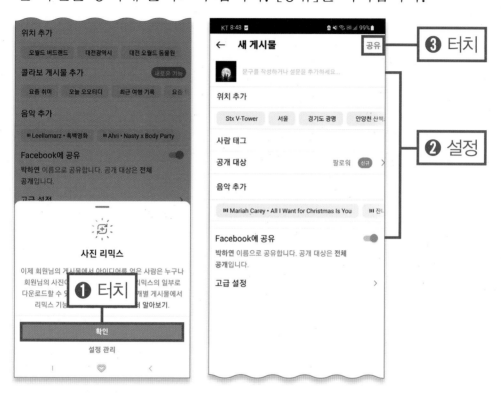

04 인스타그램에 사진이 게시됩니다.

01 'Step 1'에서 올린 사진의 [더보기](⋮)-[수정]을 차례대로 터치합니다. 내용을 입력하고 '#'을 사용해 해시태그를 입력합니다. 여기서는 '#오월드', '#나이트유니버스'라고 입력했습니다. 완료되면 [확인](✓)을 터치합니다.

02 올라온 게시물의 내용은 검은색, 해시태그는 파란색으로 표시됩니다. 보통 파란색은 링크가 걸려 있다는 의미인데, 해시태그를 터치하면 자동으로 해시태그를 검색하여 관련 검색 결과를 볼 수 있는 창으로 이동합니다.

조금 더 배우기

해시태그란 해시(Hash)와 태그(Tag)의 합성어로 글자 앞에 # 기호가 붙습니다. SNS는 개인들이 정보를 공유하는 장소여서 정보가 흩어져 있습니다. 이렇게 흩어진 정보를 찾아낼 수 있게 도와주는 역할을 합니다. 정보를 묶고 검색하기 위한 용도로 활용됩니다.

STEP 03 스토리 올리기

01 이번에는 '새 게시물' 화면에서 [사진 올리기](◉)를 터치한 후 아래 메뉴에서 [스토리]를 터치합니다. 카메라 상태가 되어 실시간 사진을 찍어 올릴 수 있습니다.

🍃 **조금 더 배우기**

스토리는 24시간 동안만 콘텐츠를 공유할 수 있는 게시물입니다. 여러 개의 스토리를 업로드하면 슬라이드 쇼 형태로 보이기도 합니다.

02 화면 왼쪽 아래의 [스토리에 추가]를 터치합니다. 사진 목록이 나타나면 사진 한 장을 길게 터치합니다. 오른쪽 위의 원 모양 체크 표시가 나타나면 여러 장 터치하여 선택한 후 [다음]을 터치합니다.

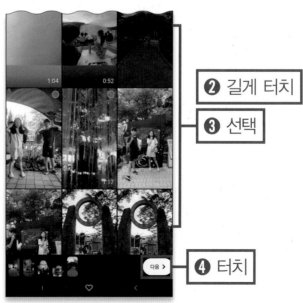

03 화면 아래의 레이아웃 메뉴가 보입니다. [하나씩]을 터치한 후 [다음]을 터치
합니다. '공유' 팝업 창에서 [내 스토리]가 선택된 것을 확인한 후 [공유]를 터
치합니다. [완료]를 터치하여 업로드를 완료합니다. 홈 화면의 [프로필 사진]
을 터치하면 게시물을 확인할 수 있습니다.

🖋 **조금 더 배우기**

'하나씩은' 슬라이드 쇼 형태로, '레이아웃'은 형태가 정해진 곳에 5장의 사진을 다양한 위치로 배치할
수 있습니다.

04 배경 음악을 넣으려면 '스토리' 화면에서 [스토리에 추가]를 터치하여 사진을
선택한 후 화면 위의 메뉴에서 [스마일스티커](⊙)를 터치합니다. [음악] 아이
콘을 터치하면 다양한 음악 리스트가 보입니다. 원하는 음악을 터치한 후 스
토리에 공유합니다.

릴스 올리기

POINT

릴스(Reels)란 음악, AR 기반 효과, 오버레이는 물론 앱 내에서 영상을 자르고 편집하여 15초에서 30초 사이의 짧은 영상을 의미합니다. 여기서는 릴스를 만들어서 인스타에 공유해 보도록 하겠습니다.

▌완성 화면 미리 보기

▌여기서 배워요!

간편하게 영상 편집해서 올리기, 릴스에 올리기

01 화면 아래쪽 메뉴에서 [새 게시물](⊕)을 터치한 후 [릴스]-[카메라]를 차례대로 터치합니다. '오디오', '효과', '속도', '타이머' 등의 아이콘이 나타납니다. 화면 왼쪽 아래의 [새로운 릴스]를 터치합니다.

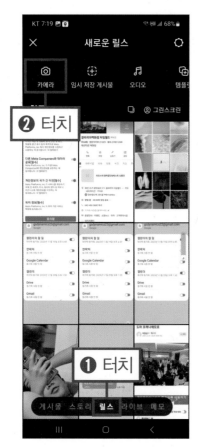

🎣 **조금 더 배우기**

① **오디오** : 인스타그램 음악 라이브러리에서 동영상에 재생할 노래를 검색하고 선택합니다.

② **효과** : 주변의 피사체와 환경을 조작하는 오버레이 및 AR 기반 효과입니다.

③ **길이** : 영상의 길이를 정합니다.

④ **속도** : 슬로 모션 또는 패스트 모션으로 촬영할 수 있습니다.

⑤ **타이머** : 촬영 시간을 선택할 수 있습니다. 촬영 버튼을 누르고 위치를 잡고 시작합니다.

02 스마트폰 '갤러리' 사진들이 보입니다. 릴스로 사용하고자 하는 영상을 선택한 후 [다음]을 터치합니다.

03 [공유하기]를 터치합니다. 내가 올린 릴스 영상이 화면에 나타납니다.

영상 편집하기

01 'Step 1'과 같이 영상을 추가하면 화면 왼쪽 아래에 [동영상 편집] 버튼이 나타
납니다. 터치하면 동영상을 수정할 수 있는 화면이 나타납니다. 하단 영상 프
레임을 터치하면 영상에 노란색 이동 버튼이 나타납니다. 왼쪽과 오른쪽 버튼
을 드래그하여 올리고자 하는 부분만 남깁니다.

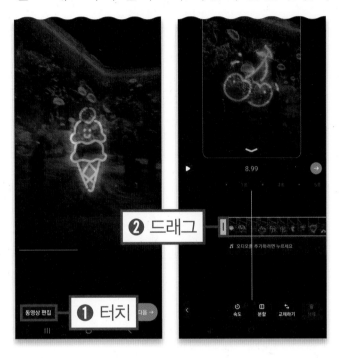

02 긴 영상을 90초 이내로 편집한 후 [다음](→)을 터치합니다. [공유하기]를 터
치하면 영상을 게시할 수 있습니다.

🎤 **조금 더 배우기**

배경음악으로 사용하고자 하는
오디오는 저작권에 문제가 없는
음악이어야 합니다.

혼자서도 만들 수 있어요!

1 인스타그램에 콘텐츠를 올려 보세요.

hint 화면 아래쪽 메뉴에서 [새 게시물](⊕)을 터치한 후 갤러리에서 원하는 사진 터치 → [다음]을 터치한 후 원하는 필터 적용하고 [다음] 터치 → 내용 및 태그 입력 후 [공유] 터치

2 현재 보이는 풍경을 실시간으로 촬영하여 인스타그램 릴스로 게시해 보세요.

hint 화면 아래쪽 메뉴에서 [새 게시물](⊕)을 터치한 후 [릴스] 터치 → '새로운 릴스'에서 촬영을 진행하고 [다음]을 터치 → [공유하기] 터치

20 친구 관리하기

인스타그램에서는 자신과 친한 친구들, 연예인 등 팔로우 관계를 맺을 수 있습니다. 내가 팔로우하는 계정이 있어야 나를 팔로우 해주는 팔로워도 나타납니다. 다른 사람을 팔로우하는 방법을 알아보겠습니다.

▌완성 화면 미리 보기

▌여기서 배워요!

팔로우하기, 팔로워 관리하기, 자주 사용하는 SNS 연동하기

팔로우(구독)하기

01 홈 화면 아래 메뉴에서 [검색]을 터치합니다. '검색'란에 인스타그램 계정이나 이름을 입력하고 [결과 모두 보기]를 터치합니다. [계정] 목록에서 내가 찾고 자 하는 사람의 계정을 터치합니다.

02 [팔로우]를 터치합니다. 나의 팔로우 목록이 '+1'이 됩니다. 이후부터는 내가 팔로우한 계정에 올리는 게시물들이 나의 인스타그램에 주기적으로 표시되며 상대방과 소통할 수 있는 환경이 만들어집니다.

팔로워 관리하기

01 홈 화면 아래 메뉴에서 [프로필]을 터치한 후 [팔로잉]을 터치합니다. 내가 팔로잉한 계정 목록과 '회원님을 위한 추천' 친구들 목록이 나옵니다. 팔로잉한 친구의 '프로필 사진' 오른쪽에 [팔로잉]을 터치하면 다시 [팔로우]로 변경되고 친구 맺기가 해제됩니다.

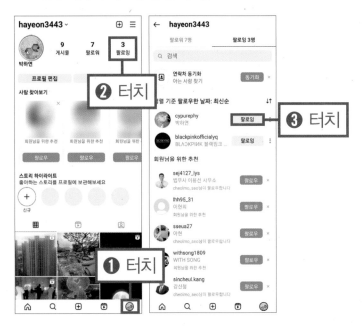

02 친구의 게시물을 안 보고 싶다면 친구의 오른쪽에 있는 [보조 메뉴](⋮)를 터치합니다. '알림 관리'와 '업데이트 안 보기'가 나옵니다. '알림 관리'는 팔로우한 친구가 게시물을 올릴 때마다 알림을 설정할 수 있습니다. [업데이트 안 보기]를 터치하면 친구가 올린 릴스나 게시물 등이 내 인스타그램에 보이지 않습니다.

자주 사용하는 SNS 연동하기

01 홈 화면 아래 메뉴에서 [프로필]을 터치합니다. 화면 오른쪽 위의 [더보기] (☰)-[설정 및 개인정보]를 차례대로 터치합니다.

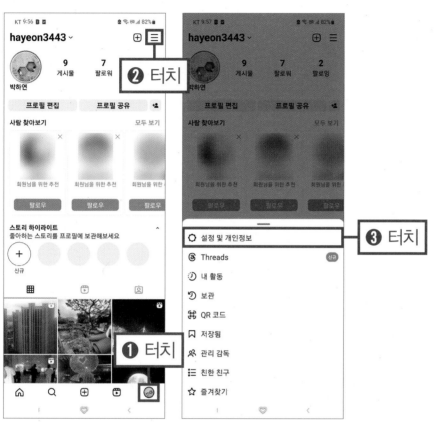

02 [계정 센터]를 터치한 후 [프로필]을 터치합니다. 본인이 사용하고 있는 인스타그램 및 페이스북의 계정이 나오면 원하는 계정을 터치하여 게시물을 공유합니다.

03 [계정 추가]를 터치하여 공유하고자 하는 SNS의 계정을 추가합니다. '설정 및 개인정보' 화면으로 돌아와 [알림]을 터치합니다.

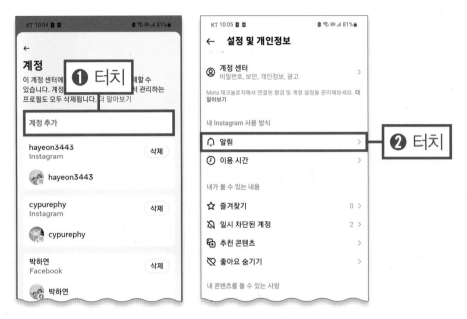

04 '푸쉬 알림'부터 '라이브 방송 및 릴스'까지의 알림을 설정할 수 있습니다. 모두 알림을 받고 싶다면 [모두 일시 중단]을 비활성화하고 알림을 모두 끄고 싶다면 [모두 일시 중단]을 활성화합니다.

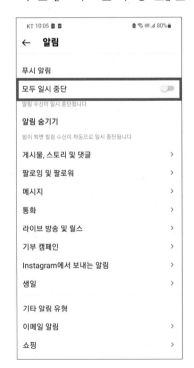

쓱 하고 싹 배우는
소셜미디어

1판 1쇄 발행 2023년 12월 13일

저   자 | 박하연
발 행 인 | 김길수
발 행 처 | ㈜영진닷컴
주   소 | 서울특별시 금천구 가산디지털1로 128 STX-V 타워 4층 401호
등   록 | 2007. 4. 27. 제16-4189호

ⓒ2023. ㈜영진닷컴

ISBN 978-89-314-6986-8